IL SERVIZIO SOCIALE PROFESSIONALE

STORIA, PROFESSIONE, PRINCIPI E VALORI

Umberto Catanzariti

Indice

INTRODUZIONE

La nostra società spesso è descritta come un luogo di competizione, di esperienze negative, di incertezze, un luogo di conflitto, di fatiche, ma anche un luogo dove la vita si sviluppa, evolve, dove le persone crescono e realizzano la propria identità, un luogo dove ognuno di noi vive la propria dignità, e il proprio essere se stessi, insieme agli altri. È nella vita relazionale che si rafforza l'identità. L'assistente sociale è colui il quale opera attivamente nel sociale per affermare il concetto di uguaglianza, lotta contro le avversità della burocrazia combatte i pregiudizi. La professione di assistente sociale mira ad abbattere le barriere sociali che tengono gli esseri umani emarginati in una continua lotta contro le diversità in favore del benessere collettivo e dell'uguaglianza.

L'assistente sociale ascolta, valuta, capisce e agisce in questa società. Quando mi sono iscritto al corso universitario di assistente sociale pensavo che i diritti e i doveri potessero essere classificati in tabelle in una specie di lavoro senza anima. Approfondendo lo studio ho raggiunto la consapevolezza che esistono delle figure professionali impegnate nel sociale con tutta la loro passione, che lavorano non solo per il fattore economico ma anche per tentare di ampliare e migliorare le prospettive per un futuro migliore. La mia tesi tenta di delineare il profilo dell' assistente sociale, di come era ieri e di come è oggi, come ha raggiunto lo stato di professionista, quali sono i possibili ambiti operativi, quali sono le motivazioni che spingono un individuo a intraprendere questa professione. (Lazzari F. 2011) L' assistente sociale è chiamato ad assumere ruoli molteplici: oltre ad essere identificato come colui che esercita la popolare funzione di aiuto, è visto come: mediatore tra l'individuo e le istituzioni; promotore delle risorse dei singoli, delle comunità e delle istituzioni, manager del sociale, (capace di progettare, organizzare e gestire i servizi), rilevatore dei problemi presenti sul territorio, (difende i diritti fondamentali degli utenti e della società), libero professionista.Nel primo capitolo ho cercato di riassumere la storia del sistema sociale internazionale e nazionale, a partire dalla sua nascita che risale alla fine dell'Ottocento, prima negli Stati Uniti poi in Europa e successivamente in Italia. Ho cercato di mettere in evidenza come il panorama storico-sociale abbia influenzato l'origine la crescita della professione di assistente sociale in particolar modo come i cambiamenti della società abbiano alterato l'evoluzione e lo stato di bisogno dell'umanità. In una successiva fase mi sono concentrato nella descrizione della figura dell'assistente sociale, nella storia del percorso formativo, nel processo per il riconoscimento della professione che è stato lungo e ha attraversato numerose fasi di trasformazione e su quali sono i possibili ambiti operativi degli assistenti sociali, i metodi e le difficoltà. A seguire è stato poi tracciato il percorso delle varie leggi. Avanzando nel lavoro ho cercato di raggruppare i compiti e le funzioni del servizio sociale Professionale nel pubblico e nel privato, il decentramento alle regioni, l'attribuzione delle competenze alle provincie, comuni ed enti locali.

Capitolo I

STORIA DEI SERVIZI SOCIALI

Cenni storici sul servizio sociale europeo e internazionale

L'origine del sevizio sociale professionale ha luogo negli Stati Uniti intorno alla fine dell'ottocento e si è successivamente diffuso nei paesi europei. Questa disciplina si sviluppò in differenti movimenti sociali e nelle organizzazioni di carità atte a sostenere e aiutare persone in difficoltà. Si identificava con il termine di *"lavoro sociale"*. Possiamo iniziare a parlare del sistema sociale in Europa dal 1869 in poi, a Londra con la nascita delle C.O.S. (*Charity Organization Society*) volontariato di tipo religioso, e dei *"Social reformers "* . Le C.O.S. mirano a lottare contro la povertà e a liberare i beneficiari dallo stato di bisogno. Il più noto movimento fu quello di Settlement . Il loro obbiettivo era di instaurare un rapporto diretto con le persone bisognose, entrare all'interno delle loro difficoltà al fine di aiutarli a superare gli ostacoli che li tenevano legati ad una vita di miseria e lontani dalla dignità, lottarono per una riforma, e per un cambiamento della società con l' apertura della coscienza sociale verso un mondo più giusto per tutti. Nello stesso periodo nasce, un'associazione della pubblica amministrazione, nel contesto in cui maturarono le prime esperienze di tecnici con il compito di dare aiuto o gestire istituzioni assistenziali, *"la Poor Law"*, legge per l'assistenza delle persone indigenti, emessa in Inghilterra nel 1601 ma emanata nel 1834 con una nuova logica, quella dei *"pubblici ufficiali dell'assistenza"*, che diventerà il principale datore di lavoro degli assistenti sociali nell'ambito del sistema di servizi e risorse pubbliche per rispondere alle esigenze dei cittadini. Nel 1928 si svolse a Parigi la conferenza internazionale dei servizi sociali coordinata da Renè Sand, al quale si deve la promozione internazionale delle opere di Mary Richmond con i testi *"Social Diagnosis"* del 1917, e *"Whatis Social Workers"*. Dopo la prima guerra mondiale, evidente interesse viene dato al *"community work"* che attraversò la crisi del 1929 e maturò marcatamente tra gli anni quaranta e cinquanta e divenne uno dei metodi dei servizi sociali. Nel secondo dopoguerra è compito dell'O. N. U. promuovere lo scambio internazionale e i metodi del sistema degli Stati Uniti e dei paesi europei colpiti dalla guerra, dal fascismo e dal nazismo (Greenwood *E.*

1989).

Storia dei servizi sociali in Italia dal medioevo al 1945 Nel Medioevo il povero e il bisognoso venivano visti come i rappresentanti di Cristo. La carità e l'assistenza erano ritenute dalla chiesa cattolica fondamentali e utili soprattutto all'arricchimento spirituale di chi le esercitava. Nella società feudale non esisteva nessun tipo di intervento sociale rivolto ai bisognosi, gli aiuti erano assolti esclusivamente dalle opere della Chiesa, anche le fondazioni ospedaliere erano gestite da comunità religiose. La chiesa nei paesi occidentali aveva un ruolo egemone nel fornire assistenza alla popolazione. Successivamente, in un'epoca più drammatica per la popolazione europea, provata dalle guerre, dalla carestia, dalla peste, l'immagine del povero cambiò radicalmente e, da rappresentante di Cristo, divenne un pericolo sociale in quanto le masse erranti di mendicanti, di vagabondi e di poveri erano considerati una forma di disordine sociale e un pericolo per l'ordine costituito. Per questo motivo il sistema dell'assistenza, che fino a quel momento aveva avuto in linea generale il compito di soccorrere, ora adottò come obiettivo parallelo quello del controllo e della repressione dei conflitti sociali, ritenuti pericolosi per l'ordine costituito. (Pieroni *G. 201*).Nel settecento si manifesta uno spirito nuovo, lo stato interviene per l'eliminazione della disuguaglianza e soprattutto, dopo la rivoluzione francese, sotto l'impulso della cultura illuministica, quando si riconobbero i diritti fondamentali dell'uomo si affermò il dovere dello stato di tutelare i diritti degli esseri umani. La legislazione napoleonica in Francia istituisce nel 1811 l'assistence publique. In Inghilterra e negli Stati Uniti emergeva l'esigenza di una nuova professione che unificasse l'esperienza volontaristica con un ordinamento scolastico: si intuì la necessità di professionalizzare l'aiuto e la solidarietà (le C.O.S Charity Organisation Society). Questo tipo di risoluzione non trovò facile instaurazione in Italia che mantenne l'estraneità delle scuole di servizio sociale dal mondo accademico. Le Opere Pie furono disciplinate la prima volta, dopo la morte di Cavour, nel 1862 con la legge 753 (Rattazzi) con la quale vennero istituiti in ogni comune le congregazioni di carità, enti nei quali si dovevano riunire tutti i beni destinati ai poveri e che dovevano assumersi l'onere della loro tutela, sottoponendo le Opere Pie ad un cauto controllo pubblico. Una legge più organica fu la cosiddetta legge Crispi, del 1890 (legge 17 luglio 6972) che realizzò una parziale laicizzazione delle Opere Pie, attribuendo loro una personalità giuridica pubblica trasformandole in *"Pubblica Assistenza e Beneficenza"*, prevedendone il riconoscimento con decreto del Capo dello Stato. Ciascuna istituzione doveva dimostrare di possedere mezzi economici adeguati, il conseguimento delle proprie finalità istituzionali, predisponendo un bilancio preventivo e un conto consuntivo; inoltre tutti gli atti amministrativi dovevano essere sottoposti a controllo. (

Pieroni *G.* 2010).In Italia non esiste una esauriente storia dei servizi sociali, se vogliamo storicizzare la beneficenza, la ricostruzione e le opere di carità possiamo dividere l'intera categoria in vari stadi; *dal primo dopoguerra al 1928, dal 1928 alla seconda guerra mondiale e il secondo dopoguerra.* Ognuno di questi periodi è segnato da una diversa organizzazione assistenziale e da una diversa esperienza formativa. Nel corso delle due prime fasi assistiamo ad atteggiamenti e circostanze del sociale basati genericamente sulla carità, atti a combattere una povertà e miseria causata dalle guerre in contesti di beneficenza per assicurare la sopravvivenza degli esseri umani, fornire cibo, case e successivamente si guardò più in là della povertà verso il rispetto dei valori individuali in una società più aperta e uguale per tutti in difesa delle vittime dell'ingiustizia in genere. Durante il ventennio fascista l'assistenza pubblica fu portata avanti dal regime, con la nascita delle mutue cui dovevano iscriversi più categorie professionali, l'assistenza medica e ostetrica, il ricovero ospedaliero e l'assistenza ambulatoriale. Nel 1942 nasce l'ENPAS assistenza per i dipendenti statali e nel 1943 l'INAM l'assicurazione in favore dei lavoratori del settore privato. Mentre nei paesi anglosassoni il servizio sociale nasce tra la fine del diciannovesimo secolo e l'inizio del novecento in Italia la sua nascita si colloca nell'immediato secondo dopoguerra associato all'apertura della prima scuola (1945). Questo periodo è segnato da un clima di entusiasmo, di rinnovamento e di speranza. Si tratta di un periodo molto particolare, nuovo per la realtà sociale e politica italiana. (Pieroni G. 2010). Queste caratteristiche, insieme alle conseguenze economiche, strutturali, politiche e culturali hanno attraversato l'Italia dal secondo dopoguerra fino ad oggi. Questi cambiamenti hanno prodotto modifiche sostanziali nell'erogazione dei servizi portandoci da una assistenza riparatoria rivolta solo verso una tipologia di utenza a una assistenza più generale indirizzata verso tutti con l'obiettivo di responsabilizzare l'individuo. Le enormi distruzioni della seconda guerra mondiale, materiali e morali, contribuirono a determinare un tessuto sociale lacerato da problemi di miseria, disoccupazione, analfabetismo, disuguaglianza, prostituzione e di deviazione minorile. Originò in questo periodo il desiderio e la speranza per gli italiani di riscattare la propria dignità e ricostruire un paese nuovo all'insegna di nuovi valori, prima soffocato dalla dittatura e poi distrutto dalla guerra. Questi nuovi valori comprendono la dignità e la libertà di pensiero e di azione, singola e collettiva, valori entrambi necessari per garantire la vigorosa e sana sopravvivenza dell'essere umano che si trova a percorrere questa breve vita umana. Iniziarono a pullulare iniziative laiche, politiche e religiose, iniziative che dovevano far fronte agli evidenti gravi problemi sociali che permanevano alla fine della guerra.   Un aiuto basilare fu quello fornito da organizzazioni internazionali. Nasce un nuovo organismo UNRRA

(*United Nations Relief and Rehabilitation Administration*), questo organismo raccoglieva fondi per la ricostruzione, tendeva ad entrare in contatto con le associazioni sociali italiane per avere un supporto nella distribuzione degli aiuti, generi di prima necessità e di materie prime di cui l'Italia era sfornita.

Storia dei servizi sociali in Italia dal II dopoguerra Nell'ambito della terza fase dal secondo dopoguerra, in seguito allo stimolo delle organizzazioni internazionali , in Italia possiamo iniziare a parlare di servizio sociale. Si distinguono tre fasi evolutive del servizio sociale. Si tratta di *tre ventenni* dagli anni quaranta agli anni sessanta, dagli anni sessanta agli anni ottanta e dagli anni ottanta al duemila. *(Pieroni G. 2010)*. Nella fase che circoscrive il periodo tra gli anni quaranta e cinquanta assistiamo alla nascita e allo sviluppo dei servizi sociali con il convegno di studi tenutosi a Como (Tremezzo) svolto dal sedici settembre al sei ottobre del 1946. L 'obiettivo era quello di studiare la situazione italiana volta a costruire una nuova realtà organizzativa in grado di affrontare le problematiche sociali del dopoguerra. Studiosi Italiani e esperti stranieri crearono le basi per la formazione di una nuova figura professionale, l'assistente sociale, quella figura che doveva avvicinare e affrontare il bisogno di quel nuovo mondo che si veniva a formare, non il soccorso al povero bensì la garanzia del benessere dell'intera comunità e l'attribuzione allo stato di compiti che fin ad allora non erano stati considerati. Per il servizio sociale questo convegno portò ad un sostanziale cambiamento di logica, (Grigoletti B. 1980), "dal convegno emerse una concezione dell'intervento dello stato anticipatrice di futuri sviluppi: si affermò che l'assistente sociale non poteva essere il principio del soccorso del povero e neanche il superamento delle rivolte delle classi subordinate, bensì il senso di responsabilità dell'intera collettività per il benessere di tutti, con la conseguente attribuzione allo Stato di compiti che esso ignorava nei decenni passati". Nel gennaio 1948 entra in vigore la carta Costituzionale che pone le basi di un moderno sistema di sicurezza sociale che concretizza il riconoscimento dei diritti del cittadino: diritti civili, diritti politici e diritti sociali, fra i quali in primo luogo quello dell'assistenza sociale, l'articolo 3 della Costituzione infatti recita: "è compito della Repubblica rimuovere gli ostacoli di ordine economico e sociale, che limitano di fatto la libertà e l'uguaglianza dei cittadini, impediscono il pieno sviluppo della persona umana e l'effettiva partecipazione di tutti i lavoratori all'organizzazione politica, economica e sociale del paese ". Nell'articolo 117 la Costituzione indicava che l'assistenza sanitaria e sociale doveva essere demandata alle regioni che a sua volta dovevano affidare ai comuni, come enti territoriali, il compito di organizzare i servizi intesi a garantire i diritti sociali, nell'articolo della costituzione italiana n. 38 del 1948. Benché si assista al proliferare di numerose scuole c'è da rilevare la mancanza di regolamentazione delle stesse. Il lavoro dei primi assistenti sociali chiamati anche *"pionieri"* non si connotava in modo univoco nelle diverse realtà ma si trattava di inventare una professione ancora molto improvvisata. (Pieroni G. 2010). Negli anni cinquanta, l'Italia compì enormi progressi con lo sviluppo del sistema industriale e l'avanzare dell'edilizia e dei consumi, si verificò una progressiva trasformazione del tessuto sociale, portando sì, al superamento della povertà causata dalla guerra, ma lo sviluppo sociale non procedette di pari passo con quello economico e il sistema assistenziale non venne riformato. Inoltre la migrazione dalle campagne verso le città industrializzate, soprattutto persone che dal sud Italia si spostarono verso il nord Italia, la disoccupazione, soprattutto femminile, portarono all'incremento del disadattamento e al permanere della povertà nelle zone più depresse. I principi della costituzione non vennero così rispettati. Il parlamento del 1951 affidò a una commissione parlamentare una inchiesta sulla miseria e sui mezzi per combatterla. Nel 1953 conclusi i lavori, i risultati furono la scoperta di una povertà crescente specialmente al sud. Purtroppo l'inchiesta non ebbe seguito e l'emergenza povertà rimase invariata. Successivamente nacquero tre sistemi di assistenza da parte dello stato, il sistema previdenziale, il sistema sanitario e il sistema assistenziale in senso stretto. Nel sistema previdenziale furono creati molti enti parastatali (*INAIL, INADEL, ENPAS, ENPEDP*) chiamate "*casse mutue*", ognuna rappresentava una categoria di lavoratori. Negli anni che seguirono, si verificò un aumento delle categorie ma restarono scoperte le casalinghe, gli invalidi e i lavoratori in nero. Il sistema sanitario era affidato ad un sistema pubblico e privato che creava una discrepanza di trattamenti previdenziali, ciascun ente assisteva le persone non in base ai loro bisogni ma a seconda della categoria di appartenenza. Privilegiati erano coloro che avevano disponibilità economica facendosi gestire dal privato, il rimanente era strettamente dipendente dalle strutture pubbliche. Queste strutture comprendevano molti ministeri, ospedali, le provincie per l'igiene ambientale, per le malattie endemiche e le malattie mentali, i comuni per l'assistenza medica chirurgica e ostetrica e vari altri enti parastatali. Il sistema assistenziale mirava a un panorama istituzionale e organizzativo del personale, delle prestazioni e degli obbiettivi dei vari enti, tra i quali le prefetture, molti ministeri, enti pubblici nazionali e enti di associazioni private. (Pieroni G. 2010). Negli anni sessanta il servizio sociale vive un periodo di crisi segnato da un immobilismo da parte dei diversi governi oltre che dal permanere di una logica emarginante e etichettante del *"diverso"* nei vari enti. Tuttavia assistiamo anche ad un risveglio della società civile, nascono i primi movimenti come quello delle donne e quelli di sinistra che rappresentano espressione di disagio crescente nella popolazione, nel lavoro e nelle famiglie. In questo contesto trova spazio una innovazione fortemente sentita dai giovani studenti dell'assemblearismo. L'idea era di creare una società di uguali, costituita attraverso una presa di coscienza collettiva e un'azione politica consapevole. Nel 1968 la legge n. 132 trasforma gli ospedali da IPAB in enti pubblici ospedalieri, nei quali è prevista la presenza degli assistenti sociali, la legge 18 marzo 1968 n 431, riforma gli ospedali psichiatrici, e successivamente la legge 180/78 Basaglia chiude gli ospedali psichiatrici e istituisce i centri di igiene mentale nei quali è prevista la figura degli Assistenti Sociali. Nel 1965 nasce l'associazione scuole italiane di servizio sociale (ASISS), vengono istituiti gli uffici di servizio sociale, in seguito (1994) nascono gli albi professionali e nel 1999 la laurea in servizio sociale. La contestazione del sessantotto arrivò alle scuole di assistente sociale. Dalle università si tentarono momenti di autogestione didattica, si enfatizzava il gruppo e l'assemblea, si rifiutava il voto e l'esame in quanto espressione di competitività e individualismo. Molte scuole furono profondamente segnate delle contestazioni in tutti gli anni sessanta, si sgretolò l'ASISS e ogni scuola si concentrò sui problemi del proprio territorio creando discrepanze tra le varie scuole. Negli anni settanta alcune scuole cercarono di accorpare in modo unitario l'insegnamento professionale affermando che il Servizio Sociale si qualifica per un metodo che di volta in volta si avvale di tecniche diverse in base alle esigenze del caso. In questi anni emergono nuovi e più casi sociali determinati da uno squilibrio economico, tecnologico e scientifico. Migliora il sistema sociosanitario, la legge 16 marzo 1970 n 281 istituisce le Regioni; lo Stato da via alla realizzazione di decentramento amministrativo con il trasferimento di funzioni dallo stato alle regioni. La legge 1 dicembre del 1970 n 898 disciplina lo scioglimento dei matrimoni. La legge 29 luglio 1975 n 405 istituisce i consultori familiari. La legge 26 luglio 1975 n 353 riforma il sistema penitenziario e prevede i centri di servizi sociali, La legge 5 maggio 1978 n 194 regolamenta l'interruzione volontaria di gravidanza, in tutti questi settori uno degli attori principale diviene l'Assistente Sociale. Il DPR 24 luglio 1977 proseguì il processo di trasferimento alle Regioni che a sua volta si avvalsero delle province e dei Comuni dove il sistema dei servizi prese il posto del sistema degli enti previdenziali. Ai Comuni viene affidata la previdenza assistenziale non solo per curare, ma anche per prevenire agendo sui fattori che determinano il disagio in quanto il Comune è l'ente più vicino ai cittadini dei quali deve curare gli interessi e tutelare il benessere, in questi settori saranno inseriti poi gli assistenti sociali. Negli anni settanta con la legge 833/1978 vengono istituite le Unità Sanitarie Locali che erogano i servizi sociali e dove possono accedere tutti i cittadini senza distinzione di categoria, reddito o residenza. La legge stabiliva che il servizio sanitario era costituito dall'insieme degli organi, strutture, funzioni e attività destinati alla tutela della salute fisica e psichica di tutti i cittadini con criteri di uguaglianza. Il sistema era articolato su tre livelli: Stato, Regioni ed Enti locali territoriali in particolar modo i Comuni. Allo Stato era attribuito il compito di programmazione nazionale mediante la predisposizione del piano sanitario nazionale. Alle Regioni il compito di programmazione di un piano sanitario regionale e l'emanazione di norme territoriali, le U.S.L. erano strutture operative dei Comuni singoli o associati. Le U.S.L. dovevano essere articolate in distretti sociosanitari per l'erogazione dei servizi di primo livello (vaccinazioni, pronto intervento, prelievi, assistenza medica di base, assistenza infermieristica domiciliare ecc), gli ospedali divennero presidi delle U.S.L. così come i consultori, i centri per le tossicodipendenze e i centri di igiene mentale. In tutti questi ambiti si prevedeva la figura degli assistenti sociali che si doveva occupare di tutti i problemi sanitari che avessero anche rilevanza sociale, (handicap, tossicodipendenza, anziani non autosufficienti, tutela della maternità e dell'infanzia). Non in tutte le Regioni si sviluppò un uguale livello di crescita sociale e anche nell'ambito della stessa Regione si determinarono differenze fra una zona e l'altra.

Tuttavia, nella seconda metà degli anni ottanta, il sistema **welfare** manifesta segni di difficoltà, la crisi è riconducibile a tre ambiti, economico, politico e sociale, soprattutto sul piano economico con alti e bassi tra la ripresa e il deficit del settore pubblico, (gli anni di tangentopoli) e gli alti costi del settore sanitario e pensionistico. Lo sviluppo economico traccia sempre più marcatamente la differenza tra sud e centro-nord d'Italia, il rilievo di alta disoccupazione e povertà al sud mentre al nord sembra nascere una nuova forma sociale delle famiglie e dei gruppi. (Neve E. 20). Tra gli anni ottanta e novanta assistiamo ad un incremento di letteratura professionale dei servizi sociali su diversi aspetti di diversa impostazione culturale e metodologica. Nei primi anni novanta si dà avvio a un movimento di riforme che modernizzano la pubblica amministrazione. Per quanto riguarda i servizi sociosanitari le leggi che hanno inciso sono la 142/ 90 sull'ordinamento delle autonomie locali, la 502/92 che introduce elementi di aziendalizzazione nelle USL. e la 229/99 che riforma ulteriormente il servizio sanitario nazionale. È passato oltre un secolo dalla legge Crispi ed anche le esigenze e le difficoltà sociali hanno subito cambiamenti epocali, la povertà del dopoguerra ha subito una radicale trasformazione. La povertà causata dalle guerre è stata sostituita da una nuova tipologia di povertà, " *nuova povertà* " quella alla quale appartengono le categorie di nuove forme di esclusione sociale, crisi occupazionale, l'invecchiamento della popolazione, persone senza fissa dimora, crescita della povertà in famiglie fin ad ora considerate media borghesia. Visto il notevole cambiamento sociale lo stato Italiano guarda con una nuova prospettiva e con nuovi programmi organizzativi i sistemi sociali con la nascita di una riforma radicale del sistema assistenziale. L'innovazione consiste nella riorganizzazione dei servizi sociali per costruire un welfare solidale ed equo, che miri ad aiutare ogni cittadino che vive in difficoltà, per problemi che riguardino l'individuo singolarmente, la famiglia o il contesto sociale cui vive. Dagli anni 2000 si può dire che ha inizio la quarta fase della storia del servizio sociale con la riforma dell'assistenza che porta ad importanti novità nell'ambito della programmazione e della gestione dei servizi. Viene approvata la tanto attesa riforma dell'assistenza, legge 328/00 per la realizzazione del sistema integrato di interventi e di servizi sociali.

Attraverso essa si individuano strategie per responsabilizzare e far partecipare più organi istituzionali alla società civile e alle famiglie.

Caratteristiche e identità della Professione

La professione di assistente sociale è sempre stata un'occupazione difficile da definire, ha trovato molte difficoltà a legittimarsi sul piano sociale a causa di vari motivi ma soprattutto per il fatto di essere caratterizzata da una estrema varietà di compiti e funzioni che hanno reso e rendono difficile stabilire una precisa identità. Molti studiosi in passato si sono occupati della problematica sulla definizione della professione di assistenti sociali. Alcuni autori parlano di una "debolezza interna" della professione causata dalla difficoltà ad autodefinirsi e attribuirsi un ruolo fin dalla sua origine e che insieme a cause "esterne", caratterizzate dal ritardo del riconoscimento giuridico, ha reso difficile il potersi definire come disciplina e imporsi come professione. (Cellentani O. 1995). Il Servizio Sociale non può ridursi unicamente a erogazioni economiche, come non può limitarsi a risolvere problemi di impiego, di alloggio o di ricovero. Il servizio sociale deve necessariamente tenere conto di fattori psicologici e morali propri di ogni uomo, delle influenze che l'ambiente esercita su di lui e delle comunità nelle quali è inserito. Questo genere di difficoltà richiede una competenza specifica e molto difficile da acquisire, in modo particolare, sapere esaminare i propri sistemi e valori " per entrare nelle regole del gioco dell'altro". (Neve E. 2002) cioè capire il più possibile l'orizzonte di significati che l'altro dà alla vita. Per questo il servizio sociale ha sempre dato molto rilievo alla definizione dei principi etici su cui si fonda la professione. Oggi gli Assistenti Sociali sono consapevoli di operare una realtà mutevole e complessa in cui la società ha ritmi di cambiamento rapidissimi. In questo contesto è ancora più faticoso essere capaci di non sovrapporre la propria personale visione del mondo e delle cose a quella delle persone con le quali si instaura il rapporto professionale.   Nella   nostra   società multiculturale esiste un pluralismo di valori a volte in conflitto tra loro, dove l'Assistente Sociale non può riflettere in termini "giusto o sbagliato", bensì in termini di priorità tra valori quando è chiamato a scegliere nel contesto di una situazione complessa dal punto di vista etico. Oggi il Servizio Sociale si basa su una raccolta di conoscenze tecnico-scientifiche e sulla loro applicazione attraverso metodi e tecniche provate e verificate. Negli ultimi anni la categoria ha accresciuto la propria professionalità avvertendo l'esigenza di una solida base teorica e di schemi di riferimento, portando a passi notevoli e conquiste nel processo di professionalizzazione, basti pensare all'attuale formazione universitaria, con corsi di laurea triennale, e specialistica (magistrale), alla costituzione "dell'ordine" e "dell'albo" Professionale, all'approvazione del codice deontologico, alla rivendicazione della autonomia tecnico-professionale e dell'indipendenza di giudizio, conquiste che hanno portato il servizio sociale a far parte, a pieno titolo, del gruppo di "professioni".

L'Assistente Sociale è sempre di più, oggi, agente di cambiamento

consapevole e partecipato, non solo mediatore tra classe dirigente e

utenza, ma promotore di soluzioni alternative mediante alleanze con

altre forze sociali e professionali nel rispetto delle persona e del suo diritto ad "aiutarsi da sé". (Bartolomei A. Passera A. L. 2010).

Capitolo II

STORIA DELLA SCUOLA PER ASSISTENTE SOCIALE

IERI Le prime scuole per Assistenti Sociali nacquero in Inghilterra e negli Stati Uniti a cavallo tra la fine dell'ottocento e l'inizio del novecento, in quei luoghi dove era in corso il processo di industrializzazione. In Inghilterra furono le COS (Charity Organization Society) a dare origine alla professione di assistente sociale. Le COS nacquero a Londra nella seconda metà dell'ottocento sotto la spinta della grave crisi causata dalla precarietà economica e per contrastare il diffondersi della povertà. Esse cercarono di rendere più efficace e funzionale l'organizzazione degli aiuti. Nel 1877 le COS si diffusero anche negli Stati Uniti, vennero formulate richieste di corsi di preparazione e di addestramento al lavoro sociale. Nacquero così le prime scuole per assistente sociale. Nel 1898 sorse la prima scuola a New York, nella quale insegnava

Mary Richmond che, nel 1917, scrisse il primo testo organico di metodologia del servizio sociale, "Social Diagnosis". (Pieroni G. 2010). La storia della scuola di servizio sociale è lunga, vasta e non semplice. Le scuole di servizio sociale erano sorte come punti di avanguardia nel rinnovamento sociale nel nuovo stato democratico, affermavano valori fondamentali sull'uomo e sul cittadino partecipe attivo della vita sociale, introducevano metodi formativi nuovi per promuovere gli atteggiamenti necessari all'efficacia del lavoro sociale. In Italia si potrebbero collocare le origini del servizio sociale all'inizio degli anni venti a Milano con la nascita del primo istituto Italiano di Assistenza Sociale, che rilasciava la qualifica "di segretarie sociali". Dopo la formazione le allieve venivano inserite nelle fabbriche affinché prestassero assistenza agli operai. Operavano in apposite segreterie sociali con il compito di aiuto nell'offrire prestazioni sanitarie, prestazioni previdenziali e disbrigo delle relative pratiche. Successivamente, nel 1928, il partito fascista istituì a Roma la scuola femminile fascista di assistente sociale di "San Gregorio al Celio", per la formazione di assistenti sociali di fabbrica, tale figura, però, era prevalentemente uno strumento accondiscendente alle regole del partito nazionale fascista che attivava regole per mantenere l'ordine e la disciplina nelle fabbriche. Per accedere alla scuola bisognava essere necessariamente di sesso femminile e in età compresa tra i ventuno e i quarantacinque anni, successivamente trentacinque, di stato civile nubile o vedova, di sana e robusta costituzione e di buona condotta morale e in possesso di diploma di scuola superiore. Dopo otto mesi di formazione, le nuove leve venivano avviate anch'esse al lavoro nelle fabbriche.   Il principio ispiratore era basato sullo studio e la cura della persona umana, ma era anche un ottimo mezzo per la persuasione politica. La scuola cessò nel momento in cui cadde il regima fascista, ma alcuni motivi di fondo permarranno per lungo tempo. Possiamo dedurre quindi che questo profilo non si addice alla vera immagine dell'assistente sociale, ma che probabilmente il termine "assistente sociale", introdotto in quegli anni, era stato adottato dal regime per motivi di immagine a livello internazionale in quanto nei paesi anglosassoni e negli Stati Uniti il concetto di assistenza sociale, con valori di alta qualità, erano all'avanguardia.(Pieroni G. 2010) In Italia, in quel periodo, il Servizio Sociale assumeva ancora un senso caritativo e assistenziale, infatti sorsero numerosi enti assistenziali, ma con un'organizzazione fondata sulla divisione in categorie dei cittadini, questa divisione portava a scomporre i bisogni e i problemi in vari settori, perdendo la visione dei veri problemi della società e dei territori, inoltre tutto era centralizzato nella sede del governo a Roma , tranne l' E.C.A.(Ente Comunale di Assistenza), che si esprimeva a livello comunale. Il resto veniva gestito dal regime a livello centrale ove venivano prese tutte le decisioni senza tener conto delle effettive necessità locali, delle differenze sociali, culturali ed economiche del paese. (Pieroni G. 2010).

A SEGUIRE Alla luce di quanto esaminato possiamo ben dire che la vera nascita delle scuole per assistente sociale risale alla seconda metà degli anni quaranta. Erano gli anni dell'immediato dopoguerra, con un panorama italiano di miseria. L'organizzazione americana aveva richiesto l'aiuto e la collaborazione degli Assistenti Sociali italiani per ricostruire insieme ad essi gli enti tradizionali, per dare vita alle indispensabili forme di assistenza che la situazione richiedeva. Ma la figura di Assistente Sociale richiesta dalle organizzazioni americane, in Italia, non esisteva. Gli unici titolati erano quelli che operavano nelle fabbriche e non avevano la preparazione intesa come tecnici dell'assistenza, non avevano una preparazione adatta alle esigenze che il paese doveva affrontare in quel periodo. Si sostiene così che il Servizio Sociale delle origini fu la risposta all'esigenza immediata del dopoguerra. Ben cinque scuole sorsero contemporaneamente e si ispirarono ai valori che andavano via via sviluppandosi in quel dopoguerra, valori di libertà, di uguaglianza e di rinnovamento. Nasce così una nuova figura professionale. Questa nuova figura non doveva identificarsi con l'immagine di un funzionario amministrativo, bensì assumere quella di operatore moderno con un ruolo centrale nella promozione della democrazia e di una società più giusta. L'Assistente Sociale doveva rivestire un ruolo attivo nella promozione e nella difesa dei diritti delle minoranze e nella promozione di una adeguata struttura sociale con giustizia e uguaglianza. (Albert J. 1986) Le prime scuole di assistenza sociale si distinguevano in scuole a ispirazione religiosa e scuole a ispirazione laica. Nel 1954 fu fondata a Roma la prima scuola di ispirazione cattolica (ONARMO, opera nazionale per l'assistenza religiosa e morale agli operai), riservata a sole donne. Nel 1946 nascono altre due scuole a ispirazione cattolica a Roma, la "scuola Italiana di Servizio Sociale" diretta da Monsignor Di Menasce e, a Milano, la "Scuola pratica di assistenza sociale" diretta da Odile Vallin, confluite poi, in "Ente Nazionale Scuole di Servizio Sociale Italiane" ENSISS. In quegli stessi anni nascono scuole ad ispirazione laica: a Milano nel 1946 sorge il consorzio nazionale per le scuole di assistente sociale che si trasforma successivamente in "Unione Nazionale per le Scuole per Assistente Sociale" U.N.S.A.S. A Roma sorge il C.E.P.A.S. (Centro Educazione Professionale per Assistenti Sociali). Alla fine degli anni quaranta esistevano un gran numero di scuole ma mancava una linea didattica uniforme, la professione non aveva una chiara caratterizzazione, mancava di linea politica in uno scenario totalmente carente di regolamentazione e di una legislazione ben precisa. Negli anni cinquanta, sotto la spinta e il sostegno di una organizzazione delle Nazioni Unite,   l'A.A.I.   "Associazione   Aiuti Internazionali" che operava in Italia, vennero introdotte, nelle scuole per assistenti sociali, nuove metodologie professionali. (Villa F.1992).   Tutte   erano   accomunate dall'obbiettivo di formare personale dotato di adeguata preparazione culturale e sociale al fine di trasmettere alla società nascente una educazione concreta di valori, di uguaglianza, di giustizia e libertà dal bisogno. L'insegnamento impartito comprendeva, oltre alla didattica, anche una formazione sul campo, "il tirocinio", "scuola teorico-pratica", che mirava a forgiare professionisti con una formazione globale. Le scuole erano frequentate prevalentemente da donne di solito in possesso di diploma di maturità. I docenti erano professori universitari. Più in là nacque la figura didattica di "tutor" o "assistente agli studi". Questa, aveva compiti di aiuto agli studenti, di disciplina e di organizzazione nel tirocinio professionale. Il tirocinio si svolgeva in ambienti come fabbriche, sanatori, comunità, centri sociali. In un secondo tempo nelle case di rieducazione minorili e in altri istituti. (Villa F. 1992). Il riconoscimento della professione di Assistente Sociale avviene con l'emanazione del D.P.R. 15 gennaio 1987 n. 14, a partire da questo stesso anno divenne obbligatorio conseguire l'abilitazione e il titolo giuridico di assistente sociale mediante il superamento di un esame, in attribuzione "dell'articolo 9 del decreto della repubblica 10 marzo 1982 n. 162" che riguardava il riordinamento delle scuole dirette a fini speciali, delle scuole di specializzazione e dei corsi di perfezionamento da parte delle università. Fu appunto a seguito dell'emanazione di questo decreto che venne elaborato *"il profilo professionale di assistente sociale del D.P.R. 15 gennaio 1987 n. 14"*. Cessarono le scuole di assistenza sociale e vennero istituite in molte università scuole dirette ai fini speciali per assistente sociale. Fu la prima tappa nel cammino verso il conseguimento del titolo di laurea. Il passaggio al decennio successivo comportò un progressivo aumento di assistenti sociali, non più solo nei servizi pubblici ma anche nel privato, l'assistente sociale diviene una figura in prima linea. È l' Ass. N.A.S a lottare e ottenere l'albo professionale con la legge "23 marzo 1994 n. 84" e nel 1998 con l'emanazione del codice deontologico professionale dell'assistente sociale. Nel 1990 viene varata la riforma degli ordinamenti didattici universitari, con la legge del 19 novembre 1990 n. 341(riforma Ruberti) venne decretata la trasformazione in diploma universitario. Nel 1999 con la legge 3 novembre n. 509 viene istituito il corso di laurea triennale in "Scienze del Servizio Sociale" con possibilità di accedere al biennio specialistico e al dottorato di ricerca. Apre il servizio sociale alla possibilità di accedere a tutti i livelli di preparazione universitaria. Aumentano gli scambi e i confronti con l'Europa.   L   'Ass.N.A.S   aderisce all'associazione internazionale sociale WORKERS -IASSW. Dopo circa cinquanta anni di attesa sembra realizzarsi un riconoscimento più pieno della professione sia sotto il profilo della legittimazione accademica sia per una prospettiva più idonea di collocazione nel mondo del lavoro. (Neve E. 2002).

Oggi L'Assistente Sociale è oggi una professione riconosciuta ai sensi della legge 23 marzo 1993 n.84 (ordinamento della professione di assistente sociale e istituzione dell'albo professionale). Con tale legge viene previsto anche l'esame di stato, requisito necessario per l'iscrizione all'Ordine Professionale. Con il D.M. del 23/7/1993, le scuole dirette a fini speciali vengono trasformate in diplomi universitari, o (lauree brevi) per l'equiparazione dell'iter formativo agli standard europei; con questa legge si disciplina anche la libera professione. Successivamente viene emanato il D.M. 615/94, "regolamento concernente norme relative all'istituzione delle sedi regionali e interregionali dell'ordine e del Consiglio Nazionale degli Assistenti Sociali, ai procedimenti elettorali e all'iscrizione o alla cancellazione dall'albo professionale". La categoria professionale comincia ad avvicinarsi ad uno status equiparabile a quello di altre professioni intellettuali. Il D.M. N 509 del 3/11/1999 introduce il concetto di Laurea in Servizio Sociale. Come è stato rilevato da più autori, le professioni emergenti, quando vogliono elevare il proprio status, cercano di inserire la loro formazione nelle università e se ciò è già stato acquisito, cercano di raggiungere i gradi accademici superiori. (Villa F. 1992) . È un professionista che opera con autonomia tecnico-professionale di giudizio in tutte le fasi dell'intervento per la prevenzione, il sostegno e il recupero di persone, famiglie, gruppi e comunità in situazioni i bisogno e di disagio e può svolgere attività didattico-formative. L'attività di Assistente Sociale può essere esercitata in forma autonoma o di rapporto di lavoro subordinato e nella collaborazione con l'autorità giudiziaria. Il percorso formativo dell'Assistente Sociale è strutturato su più livelli, scuola secondaria (diploma di maturità), laurea triennale di primo livello "Scienze del Servizio Sociale", laurea di secondo livello, specialistica (laurea magistrale), dottorato di ricerca, (obbligatorio per accedere alla carriera di docente). Per tutti i livelli vecchi e nuovi, sarebbe opportuna e necessaria una nuova declamatoria, che rispecchi l'attuale normativa, il nuovo welfare. Per meglio realizzare la riorganizzazione funzionale della figura professionale dell'Assistente Sociale si ritiene necessario implementare tali profili con la istituzione di almeno un ulteriore profilo e di una relativa articolazione. Il codice deontologico dell'Assistente Sociale in Italia fu elaborato e approvato nel XVII Congresso Nazionale di Chianciano Terme nel 1992. Questo documento rappresenta il grande impegno profuso dalla professione per definirsi anche attraverso un codice e può, senz'altro, ritenersi uno dei documenti fondamentali attraverso cui essa si è espressa in Italia e al quale molti assistenti sociali hanno fatto riferimento fino all'approvazione del nuovo codice deontologico presentato pubblicamente al Consiglio Nazionale degli Assistenti Sociali nel giugno 1998. Il codice è stato aggiornato nel 2002 e nel 2009.

Capitolo III

IDENTITA' DELLA PROFESSIONE DI ASSISTENTE SOCIALE

L'Assistente Sociale è presente in Italia da circa cinquanta anni e come professionista ha lavorato per la trasformazione dei contenuti e delle modalità operative dei servizi rivolti alla persona e alla comunità. Oggi opera per prevenire e risolvere situazioni di difficoltà e di emarginazione sociale. L' Assistente Sociale è un professionista che svolge compiti di gestione, programmazione e organizzazione. Inoltre può esercitare attività di coordinamento e di direzione dei servizi sociali. La professione di Assistente Sociale può essere esercitata in forma autonoma o di rapporto di lavoro subordinato. È in possesso della laurea di I livello o di II livello oppure di un dottorato di ricerca in servizio sociale o in sociologia. Dopo la laurea deve conseguire l'abilitazione all'esercizio della professione (esame di stato) e successivamente è possibile iscriversi all'Albo Professionale degli Assistenti Sociali. L'Assistente Sociale deve possedere doti professionali e di carattere: essere, saper essere e saper fare, capire e interpretare le esigenze del cittadino bisognoso, offrire sostegno, professionalità, responsabilità amministrative e civili verso la pubblica amministrazione e verso l'utenza, possedere la consapevolezza di un sano comportamento verso l'altro e la sensibilità umana nell'interpretare lo stato di disagio dell'utente e, soprattutto, saper realizzare un equo dialogo interpersonale e sociale al fine di offrire competenza e produttività nel ruolo ricoperto. La professione si fonda sul valore, sulla dignità, sulla unicità di tutte le persone, sul rispetto dei diritti, universalmente riconosciuti, della persona, libertà, uguaglianza, socialità, partecipazione. L'Assistente Sociale è al servizio delle persone, delle famiglie, dei gruppi e della comunità nel garantire l'autonomia soggettiva usando le risorse a disposizione, mantenendo il soggetto in situazione di bisogno al centro di ogni intervento, rispondendo alle domande, ai bisogni e ai problemi nel contesto dove opera professionalmente. Promuove iniziative atte a ridurre i rischi di emarginazione e a garantire il rispetto della persona. L'Assistente Sociale, nell'esercizio professionale, si avvale di strumenti che gli consentono di agevolare il raggiungimento degli obiettivi: cartella sociale, relazione sociale, colloquio e visita domiciliare, contratto, documentazione. (Neve E. 2002).

Servizio Sociale professionale: Il Servizio Sociale è una professione e una disciplina che ha come oggetto e come fine il sociale. Il Servizio Sociale, in quanto *disciplina,* può essere definito " un sapere complesso non autonomo finalizzato alla pratica, disciplina di sintesi tra elementi di conoscenza che provengono da scienze diverse, volta all'operatività che ha come oggetto l'uomo nel suo rapporto con l' ambiente. In quanto *professione* il Servizio Sociale possiede tutte le caratteristiche attribuite alla professione: abilità superiori (applicazione del metodo scientifico); autorità professionale (preminenza del professionista rispetto ai profani); sanzione della comunità (riconoscimento dell'unità sociale dell'attività); codice di regole etiche (assicura l'affidabilità delle prestazioni); appartenenza ad associazioni di categoria (tutela e controllo sull'operato dei professionisti). (Ferrari F. 2002) *Il Servizio Sociale professionale* è collocato, dalla legge 328/2000, fra le prestazioni del sistema integrato di interventi e servizi sociali (art. 22), promuove il cambiamento sociale e la soluzione dei problemi nelle relazioni umane e la restituzione di potere e la liberazione delle persone per aumentare il benessere utilizzando le teorie sul comportamento umano e dei sistemi sociali. Il Servizio Sociale interviene là dove le persone interagiscono con il proprio ambiente. I principi dei diritti umani e della giustizia sociale sono fondamentali per il Servizio Sociale. Il Servizio Sociale è un complesso sistema di servizi organizzato in maniera reticolare, gli attori principali sono i ministeri delle politiche sociali, del lavoro e della giustizia, gli enti pubblici e privati. (Ferrari F.2010). Il Servizio Sociale nel sistema sanitario nazionale ha il compito di mettere in rete tutte le risorse presenti sul territorio, al fine di garantire interventi integrati e sinergici, svolgendo un ruolo di regia dei processi in ambito sanitario e socio sanitario. (Ferrari F. 2010)

La legge 328/2000 non indica le funzioni specifiche del servizio sanitario professionale all'interno del "sistema integrato di interventi e servizi sociali" ma, a questo aspetto, rimedia il " il Piano nazionale degli interventi e dei servizi sociali 2001-2003" con il quale vengono messe in evidenza le tipologie di servizi e di prestazioni sociali che possono essere programmate e realizzate per rispondere alle esigenze e ai bisogni nell'area delle responsabilità familiari, dei diritti dei minori, delle persone anziane, dei disabili, nel contrasto della povertà e delle tossicodipendenze.(legge 328\2000)

Funzioni dell'Assistente Sociale

I compiti fondamentali dell'Assistente Sociale sono quattro:

1. -promozione e prevenzione;
2. -aiuto,

3. -controllo,

4. -programmazione, organizzazione e gestione dei servizi.

E in particolare:

-Prevenzione e promozione utilizzano i medesimi canali attuativi.

La prevenzione primaria si realizza quando viene promossa la partecipazione dei cittadini alla vita sociale, quando si collabora con le scuole e con strutture educative in genere.

È prevenzione secondaria quella che individua soggetti a rischio e programma interventi precoci. È prevenzione terziaria quella che consolida le attività di prevenzione primaria e secondaria e tenta di evitare le ricadute.

-La funzione di aiuto svolta dall'Assistente Sociale si realizza attraverso lo stimolo delle capacità della persona e la mediazione tra cittadino e istituzioni.

- Il controllo avviene su mandato dell'autorità giudiziaria, basti pensare ai minori e ai casi di maltrattamento e alle coppie che aspirano a ottenere bambini in adozione.

- Programmazione, organizzazione e gestione dei servizi sociali è tutto quello che concerne le funzioni apicali, politiche e gestionali della professione: è la regia dei servizi sociali che passa attraverso le fasi dell'analisi dei bisogni, l'individuazione degli obiettivi, l'individuazione dei limiti temporali e degli strumenti per giungere agli obiettivi, la formulazione del programma e la sua realizzazione con relativa valutazione finale. (Perino A. 2010).

Le funzioni del Servizio Sociale sono finalizzate a :

-Lettura e codificazione della domanda,

-La presa in carico della persona, della famiglia o del gruppo sociale,

-L' attivazione ed integrazione del servizio di rete,

-L'accompagnamento e all'aiuto nel processo di risoluzione del caso.

Il servizio di segretariato sociale risponde alle esigenze primarie dei cittadini e delinea:

- informazioni complete in merito ai diritti, alle prestazioni, alla modalità di accesso ai servizi,

- La conoscenza delle risorse sociali disponibili nel territorio, che possono risultare utili.

In base alla legge 328/2000 spetta alle Regioni individuare gli ambiti territoriali all'interno dei quali verrà svolta la gestione unitaria del sistema locale dei servizi sociali in rete. La determinazione di tali ambiti deve essere stabilita con gli enti locali interessati. Le Regioni possono incentivare finanziariamente l'esercizio associato da parte dei Comuni e delle funzioni sociali in tali ambiti territoriali.

Gli strumenti

Nel Servizio Sociale si parla di strumenti in riferimento all'utilizzo di tecniche e metodiche di lavoro ad alta valenza comunicativa. Gli strumenti vengono utilizzati tenendo conto dei compiti e delle funzioni che si stanno svolgendo. Gli strumenti sono: il colloquio, la documentazione, (compreso il sistema informatico), la visita domiciliare, la riunione, il lavoro di equipe.

-**Il colloquio** è il rapporto diretto dell'Assistente Sociale con l'utenza, è una relazione di dialogo nella quale l'Assistente Sociale conduce ma è l'utente a decidere i contenuti al fine di cogliere il bisogno e sviluppare le fasi del processo di aiuto. Il colloquio non è singolo ma consta di diversi incontri. Inizia con il cogliere le motivazioni che hanno spinto l'utenza a rivolgersi al Servizio Sociale, seguito dal capire il problema, valutare come affrontare la problematica, creare condizioni di fiducia e raggiungere l'obbiettivo. Esistono tre tipi di colloquio, quello informativo nel quale avvengono scambi di informazioni, quello diagnostico che definisce i bisogni e quello terapeutico che cambia la situazione del problema. Il colloquio può essere svolto con gli utenti, con i familiari, con i colleghi e con altri professionisti. Il colloquio non si limita ad un semplice scambio di parole ma contempla il ricorso ad attività quali ascolto, osservazione e riflessione.

-La documentazione -la documentazione è costituita da un insieme di documenti che consentono la raccolta organica di tutte le informazioni utili per lo svolgimento del lavoro sociale, è altresì importante a livello giuridico, consente di tenere in memoria i passaggi del procedimento, progetti, delibere, note di incontro, relazioni, certificati, modulistica che fanno il quadro completo della situazione.

-La cartella sociale può essere definita come il luogo di raccolta di tutti i documenti, è uno strumento di controllo e di monitoraggio utile per conservare dati, registrare ogni movimento lavorativo del caso. È uno strumento del servizio, pertanto deve essere leggibile da parte di qualsiasi soggetto legittimato a farlo, è necessario che le cartelle siano sistemate in un archivio ben organizzato. La cartella sociale contiene i dati oggettivi dell'utente, la valutazione della situazione problematica, le risorse a disposizione o da reperire, il progetto di intervento, il contratto con l'utenza, il diario cronologico del processo di aiuto, la registrazione dei colloqui verbali delle riunioni d'equipe, la copia delle relazioni inviate ad altri   enti, i risultati, le scadenze, i tempi previsti per concludere il caso. La cartella sociale consente quindi di tenere memoria dell'evoluzione del caso, tutela l'utente garantendogli il mantenimento dell'accordo stabilito, consente di avere sotto controllo le risorse a disposizione, i dati e il passaggio ordinato di informazione ad altri operatori. La relazione sociale è un insieme di elementi utili, dati anagrafici, descrizione e sviluppo della tipologia del caso, aspetti psicologici e prognosi, il procedimento usato per svolgere l'operazione assistenziale, conclusione, firma e data. (Bini L. 2005-2006), *(Cesaroni M. 2000)*. *La* relazione sociale è lo strumento di comunicazione più utilizzato nell'ambito del servizio sociale, è un rapporto scritto che argomenta un caso, avvalendosi di altri strumenti in particolare del diario e della registrazione dei colloqui.

-Il **sistema informatico** è strettamente collegato alla documentazione, mira a raccogliere, classificare, elaborare, conservare e diffondere le informazioni. Si realizza tramite l'impiego di tecnologia informatica. In linea generale l'obiettivo è quello del migliorare il processo della raccolta delle informazioni. (Motta F. 2005).

La visita domiciliare è uno strumento professionale che ha una lunga tradizione nel Servizio Sociale, è una metodologia che applica l'Assistente Sociale per comprendere meglio la situazione degli svantaggi dell'utente, in particolare la valutazione per definire gli obiettivi. Generalmente la visita domiciliare è richiesta dall'Assistente Sociale nella fase conoscitiva del processo di aiuto. La visita domiciliare va condotta quando si hanno chiari gli obiettivi e le motivazioni che spingono ad effettuarla, inoltre l'utente deve già essere ben conosciuto e il caso già avviato, va fissata una data e un orario, che deve essere rispettato dall'utente e dall'operatore. La visita domiciliare è particolarmente indicata nei casi in cui l'assistente sociale debba svolgere indagini socio-familiari, quali affido, inchieste e abusi.

-Il contratto è l'affinamento, è uno strumento importante per definire l'accordo tra utente e Assistente Sociale, l'operatore mette in atto delle risorse per rendere l'utente partecipe, protagonista e responsabile, si chiarisce il problema, si esplicano gli obbiettivi da raggiungere e si definiscono i compiti.

-La riunione consiste nell'incontro di più persone in uno stesso luogo ed è finalizzato a promuovere azioni comunicative e scambio di informazioni, elaborazione di progetti e decisioni di verifica. Di estrema rilevanza è la stesura del verbale, utile a lasciare in memoria le decisioni prese.

-Il lavoro di equipe è uno strumento che va assumendo sempre maggiore importanza nell'ambito del servizio alla persona. Tratta di un lavoro congiunto e integrato di diversi professionisti aggregati in equipe inter e multidisciplinari, che hanno un preciso compito da svolgere e che devono integrare le differenze professionali e operative che caratterizzano il caso. (Zini e Miodini, 1999).

-La relazione Professionale o relazione di aiuto è l'insieme di azioni professionali indirizzate ai rapporti con la persona, fondato sul rapporto interpersonale tra utente e operatore. La relazione professionale ha lo scopo di aiutare la persona nella soluzione dei problemi, di individuare risposte alla richiesta di aiuto e di procurare un miglior adattamento della persona nell'ambiente.

-La supervisione è il controllo di un lavoro o un'opera di chi dirige. Nel servizio sociale la supervisione fa riferimento allo strumento operativo che consente la trasmissione del sapere, del saper fare e del saper essere. L'assistente sociale ha la possibilità di essere sostenuto e guidato da una autorità riconosciuta "il supervisore". Grazie a tale strumento l'operatore è messo nella condizione di riflettere sul rapporto professionale , sul funzionamento e sull'organizzazione del servizio per il quale lavora e sulla rete di servizio ad esso connessi, di rafforzare, inoltre, meccanismi di autostima e di controllo delle proprie emozioni e dei propri sentimenti. (Cesaroni M. 2000 *)*.

La supervisione cerca di collegare l'intervento alla conoscenza, l'esperienza concreta alla teoria facendo si che l'operatore impari ad osservare mentre osserva e agisce. (Allegri E. 2006).

- I ruoli

l'Assistente Sociale mira i propri interventi in aree di conoscenza scientificamente fondate all'interno delle scienze sociali. Gli interventi di assistente sociale, in genere, si possono distinguere a seconda dei ruoli:

- Ruolo amministrativo: funzioni inerenti ai servizi organizzativi, patrimoniali e contabili. Collaborano ai fini della volontà dei competenti titolari di potestà pubbliche;

- **Ruolo tecnico** funzioni inerenti ai servizi di ricerca, assistenza tecnica sociale. Svolgono attività volta a fornire elementi di giudizio, applicando principi e metodi propri di scienza, arti e discipline tecniche o una attività tecnico professionale, sempre che manchino i requisiti per l'inquadramento nel ruolo professionale;

- **Ruolo professionale**: mansioni proprie della professione con piena

autonomia pur nel rispetto degli obblighi derivati dalla natura del rapporto di pubblico impiego che è un rapporto di lavoro subordinato.

Dove operano gli assistenti sociali: La metodologia professionale degli Assistenti Sociali trae fondamento dai bisogni: bisogni di massa, bisogni della comunità, bisogni di piccolo gruppo (o famiglie), bisogni individuali. Oggi la metodologia dell'intervento sociale si basa su scelte di carattere strategico con, elemento determinante, il lavoro di equipe.

La legge 833/78 ha istituito le Unità Sanitarie Locali nella quale fu inserito il concetto di integrazione sociosanitaria quale strumento fondamentale per un'efficace azione di promozione della salute e del benessere dei cittadini. È andato affermandosi un moderno concetto di salute e di intervento sociale orientato al superamento dei vecchi stereotipi per dare spazio ad azione più professionale e organizzata. Si è passati dalla beneficenza all'assistenza;   dall'aiuto   occasionale (elemosina, buone parole, intervento di emergenza)   all'intervento   finalizzato progettato e verificato; da interventi "liberi" a interventi coordinati. In particolare è cambiato il concetto di benessere dopo la diffusione del concetto di salute dell'OMS " *la salute è uno stato di completo benessere fisico, mentale e sociale e non consiste soltanto in una assenza di malattia o infermità"*. La conseguenza di tale affermazione ci ha portati al convincimento che la promozione della salute non è legata soltanto al settore sanitario ma interviene sugli stili di vita per mirare al benessere.

La strategia della legge è articolata su cinque azioni:

-costruire una politica per la salute:

-promuovere idee, dare mezzi (per attuare), mediare, (fra interessi conflittuali con quelli della salute);

-rinforzare l'azione comunitaria (partecipazione) e lo sviluppo della capacità individuale;

-creare un ambiente favorevole;

-riorientare i servizi sanitari.

Le aree di intervento nelle quali sono coinvolti gli assistenti sociali

Sono molteplici: minori, persone con problematiche psico-sociali (tossicodipendenze di ogni tipo e salute mentale), disabili, immigrati, anziani, famiglie, persone con pene detentive, nelle carceri e nelle comunità. Buona parte degli assistenti sociali opera nell'ambito di enti pubblici e uno scarso numero negli ambienti privati, quindi è bene suddividere le organizzazioni in tre macro aree: **pubblico, privato e terzo settore**. Il terzo settore è un settore a sé separato dallo stato e dal mercato, non ha scopo di lucro, il terzo settore sta assumendo un ruolo di importanza crescente, grazie anche alla collaborazione degli assistenti sociali. Il terzo settore comprende: l'associazionismo, il volontariato, la cooperazione sociale le fondazioni e le organizzazioni non governative caratterizzate da attività nel campo sociale che si avvalgono di personale specializzato ma il più delle volte tale personale è costituito da volontari non professionisti. Gli enti pubblici possono essere nazionali o locali, i ministeri di Giustizia e dell'Interno, le Prefetture, le comunità nelle quali gli Assistenti Sociali possono svolgere funzione operativa o dirigenziale. La Professione di Assistente Sociale può essere svolta anche nelle sedi INAIL (istituto nazionale per l'assicurazione contro l'infortuni sul lavoro), negli Enti locali, Comuni, Provincie, Comunità montane, Comunità isolane e unioni di Comuni, nelle Aziende Sanitarie e negli Ospedali. Sono proprio gli Enti locali a raccogliere il maggior numero di assistenti sociali in Italia, quasi il 40%. In questo ambito hanno rilevanza i Comuni, titolari delle funzioni amministrative relative agli interventi sociali in ambito locale.

I Comuni collaborano con le regioni nella programmazione in materia di servizio sociale. I Comuni erogano prestazioni economiche e servizi, mirano alla realizzazione del sistema di rete coinvolgendo altri soggetti pubblici e del terzo settore. I servizi sociali dei comuni svolgono inoltre attività di autorizzazione e di vigilanza dei servizi sociali delle strutture residenziali e semiresidenziali a gestione pubblica o privata.I servizi sociosanitari sono prevalentemente pubblici ma possono anche essere erogati da privati in convenzione con il servizio pubblico. Il servizio socio sanitario pubblico comprende un'area nella quale convivono servizi sanitari e servizi di carattere sociale destinati a supportare persone con problemi di emarginazione, di disabilità che condizionano lo stato di salute. Il servizio sanitario nazionale è rappresentato da enti e organi di diverso livello istituzionale che mirano al raggiungimento degli obiettivi di tutela della salute dei cittadini.

Il servizio sanitario nazionale comprende: le A.S.P., aziende ospedaliere, case di cura e strutture sanitarie non ospedaliere (ambulatori, laboratori, strutture residenziali e semiresidenziali). Nelle **aziende ospedaliere** il ruolo dell'Assistente Sociale è quello di attivare il processo di assistenza. Tali funzioni dell'assistente sociale in ambito ospedaliero sono:

-funzioni di recupero degli stati di bisogno di individui, famiglie o gruppi di utenti accomunati da problemi derivanti dalle stesse patologie,

-funzioni di raccordo fra l'utente e le risorse di tipo familiare, istituzionale, o di volontariato,

-funzioni di consulenza tecnica, in casi di abbandono o violenza,

-funzioni di promozione e di sensibilizzazione degli operatori sanitari verso i bisogni dell'utenza interessata,

-funzione informativa volta a tutela dei diritti dei cittadini con attività informativa sul Tribunale dei diritti del malato informative sulla Carta dei servizi e sui Comitati etici. (Pieroni G. 2010).

Le **Aziende Sanitarie Provinciali** sono organizzate anche in distretti territoriali dove confluiscono diversi servizi sociosanitari. Il compito dell'Assistente Sociale nei servizi sanitari territoriali è complesso ma di primaria importanza nella fornitura di servizi ai cittadini e la salvaguardia delle categorie più deboli. Opera, congiuntamente ad altre figure professionali, nelle aree materno-infantile o consultori, anziani, infezione da HIV, malati terminali, handicap, patologie psichiatriche, neuropsichiatria infantile, prevenzione e cura nelle dipendenza da droga e da alcolici, nella dipendenza da farmaci, e patologie in fase terminale inabilità e disabilità, patologie croniche e degenerative, anziani e ricoveri in strutture residenziali. Il servizio viene svolto nel:

-servizio di assistenza domiciliare integrata ADI,

-servizio per la salute mentale, (CSM)

-attività o servizi rivolti a disabili e anziani per ricovero e affidamento,

-consultori familiari per la tutela e salute dell'infanzia, della donna e della famiglia,

-medicina legale per il riconoscimento dello stato di handicap, invalidità civile e legge 68/99,

-neuropsichiatria infantile, riabilitazione cura e diagnosi nell'età infantile.

Capitolo IV
IL CAMBIAMENTO E LA LEGGE
328/2000

Salute –Benessere: *La salute è uno stato di pieno benessere fisico, mentale e sociale* e non la semplice assenza di malattia o di infermità. Il godimento di livelli il più possibile elevati di salute è uno dei diritti fondamentali di ogni essere umano senza distinzione di razza, religione, credo politico, condizione economica o sociale (OMS). Il bisogno di salute/benessere è complesso, necessita di interventi culturali e socio assistenziali: nel garantire l'appropriatezza dell'intervento tecnico sanitari e la continuità tra le cure primarie e intermedie è necessario attivare un progetto individualizzato integrato di presa in carico, predisposto a livello multidimensionale e multi professionale, in particolar modo per le persone fragili, appartenenti alle aree di senescenza, disabilità, materno infantile, patologie psichiatriche e dipendenze, patologie da infezione da HIV e patologie terminali, inabilità o disabilità conseguenti a patologie cronico-degenerative. In Italia l'assistenza da sempre si è avvalsa di pratiche familiari o di opere di beneficenza, solo negli ultimi anni lo stato ha assunto responsabilità istituzionali nella materia di assistenza e in modo particolare dal 2000 in poi con la legge quadro. L' Assistente Sociale nella sanità è previsto già dalla riforma ospedaliera del 1968 legge 132, è presente nei consultori, (legge 405/75), nei servizi per le tossicodipendenze (legge 685/75), nelle strutture per interruzione di gravidanza e tutela della maternità (legge 194/78), nelle strutture per l'assistenza psichiatrica, (legge 180/78). La legge 104/92, prevede la figura dell'Assistente Sociale nelle commissioni per l'accertamento di handicap e collocamento mirato dei disabili (legge 68/99).

La presenza strutturale dell'assistenza sociale è sancita dalla riforma sanitaria (legge n,833/78). La legislazione più recente il (decreto legislativo 229/99 seguito dal DPCM 14/02/2001 e dal decreto legislativo 29/11/2001 istitutivo dei livelli essenziali di assistenza), introduce il concetto di prestazioni sociosanitarie (art. 3 decreto legislativo 229/99) definite come " tutte le attività atte a soddisfare, mediante percorsi assistenziali integrati, bisogni di salute della persona che richiedono unitariamente prestazioni sanitarie e azioni di protezione sociale in grado di garantire, anche nel lungo periodo, la continuità tra le azioni di cura e quelle di riabilitazione". Tale normativa coinvolge a pieno titolo la professione di Assistente Sociale, laddove si stabilisce che l'erogazione dei servizi e delle prestazioni avviene in seguito a valutazione multidisciplinare. L'Assistente Sociale rileva e valuta lo stato di bisogno realizzando, in un piano di lavoro integrato, il Progetto Assistenza Individuale (PAI). Con l'ultima legge quadro lo stato conferma la volontà di perseguire l'obiettivo della salute dei cittadini già dichiarato nella legge 833/78 disponendo che gli interventi di natura sociale avvengono a forte integrazione con quelli sanitari.

Struttura della legge 328/200 (LEA) Prima degli anni 2000, l'ultima legge di riferimento per il comparto sociale era la legge Crispi del 1890, sul piano della previdenza sociale e dell'assistenza vi era in Italia una florida frammentazione e categorizzazione degli interventi e dei servizi, non esisteva un riferimento normativo unico, che definisse i ruoli, le competenze, le responsabilità e i criteri da applicare per garantire una sana assistenza uguale per tutti. *La L.328/2000, "legge quadro per la realizzazione del sistema integrato di interventi e servizi sociali",* stabilisce che fra i servizi essenziali che lo stato è obbligato a garantire ai cittadini vi è il servizio sociale professionale, servizio che riconosce la centralità delle competenze e delle funzioni dell'Assistente Sociale, professionista che si prende cura del disagio dell'individuo, della famiglia e della comunità e coniuga il mandato professionale, stabilito dalla legge e dal codice deontologico, con il mandato istituzionale di contribuire ad assicurare la salute della persona mediante l'individuazione e l'attuazione di azioni di protezione sociale tesa a prevenire o a limitare i rischi connessi al disagio sociale che possono pregiudicare il pieno successo dei trattamenti sanitari o favoriscano l'instaurarsi della malattia.

I punti essenziali della legge sono:

-l'universalismo selettivo; i servizi mettono al centro del percorso il bisogno dell'utente, privilegiando coloro che versano in condizione di maggiore difficoltà;

-qualità dei servizi sia come efficienza che come qualità di relazione tra utente e operatore;

-piani zona, strumenti di pianificazione partecipata che danno maggiore potere agli enti locali;

-riforma delle IPAB (istituto pubblico di assistenza e beneficenza);

-istituzione del fondo nazionale per il sistema sociale;

-istituzione dei LIVEAS e i LEA.

La L.328/2000, "Legge quadro per la realizzazione del sistema integrato di interventi e Servizi Sociali", si propone di costruire un sistema di servizi che integrino politiche e prestazioni dei diversi settori della vita sociale, evitando sovrapposizioni di competenze e risposte settorializzate (art.22). È cambiato quello che le persone chiedono, il disagio non è solo l'assenza di beni materiali ma l'insieme delle esperienze e dei significati che le persone attribuiscono alla mancanza di benessere. Assicura alle persone e alle famiglie un sistema integrato di interventi e servizi sociali, promuove interventi per garantire la qualità della vita, pari opportunità, non discriminazione e diritto di cittadinanza, previene, elimina o riduce le condizioni di disabilità di bisogno e di disagio individuale e familiare, derivati da inadeguatezza di reddito, difficoltà sociale e condizioni di non autonomia. La programmazione e l'organizzazione del sistema integrato di interventi e servizio sociale compete agli enti locali, alle regione e allo stato ai sensi del decreto legislativo 31 marzo 1998 n 112 e della legge 328/2000, secondo i principi di sussidiarietà, cooperazione, efficacia, efficienza, economicità, omogeneità, copertura finanziaria e patrimonialità, responsabilità e unicità dell'amministrazione, autonomia organizzativa e regolamentare degli enti locali. La legge ha come scopo costruire un sistema di servizi più equilibrato, passando da interventi rivolti a specifiche categorie di utenti, a interventi che forniscono risposte alla persona nel suo complesso con progetti e interventi per rendere equa la distribuzione delle risorse. (Ferrari F. 2002). La legge conferma la titolarità delle funzioni di assistenza ai Comuni attribuendogli funzioni di programmazione e progettazione a livello locale da realizzare attraverso i Piani di Zona e fornisce indicazioni innovative sui livelli essenziali di assistenza, sui Piani di Zona, sul rapporto tra Servizi Sociali e Sanitari e sulle strategie di promozione della qualità sociale. La qualità diventa fondamentale grazie allo strumento della Carta dei Servizi Sociali, fondamentale per l'Accreditamento. Sempre più si delinea un modello di welfare socio-assistenziale che punta sulla capacità dei governi locali di valorizzare e mobilitare le risorse presenti sul territorio, di attivare azioni responsabilizzanti in grado di coinvolgere i diversi attori, nonché di effettuare valutazioni di processo e di esito. (Perino A.2010). La legge riconosce la centralità delle figure professionali sociali, tra cui l'Assistente Sociale, valorizza la centralità della famiglia e le risorse della comunità locale, stabilisce la necessità di prestazione integrata tra servizi pubblici, privati e volontariato. In questo contesto l'Assistente Sociale contribuisce a programmare il sistema dei servizi per rispondere in modo coerente ai bisogni dei cittadini e della comunità locale. Il servizio sociale assicura l'efficacia e l'efficienza degli interventi, relativamente alla presa a carico globale della persona, al fine di incidere in modo significativo sul benessere della popolazione. Permette di realizzare un modello di intervento basato su un concetto multidimensionale ed integrato di salute, grazie alla specificità professionale insita nella formazione dell'assistente sociale e alla capacità propria della professione a mettere in connessione tutti i settore del welfare. (Perino

A. 2008).

Il sistema dei servizi assistenziali in Italia si caratterizza, oggi, per un progressivo decentramento delle funzioni:

• Le competenze legislative alle Regioni

• Le competenze amministrative ai Comuni

• L'individualizzazione dei livelli di assistenza, le linee generali e il compito di garantire i diritti di cittadinanza spettano allo Stato. (Perino A .2008).

Politica sociale e il piano zona

La **politica sociale** è quella parte della politica generale che ha come obiettivo la promozione del benessere economico sociale della popolazione, tende alla prevenzione della povertà, del disagio sociale, e all'aiuto nel mercato del lavoro, nella formazione e nella sanità. Va considerata come l'insieme degli interventi pubblici del governo volti ad assicurare ai cittadini i diritti sociali. il servizio sociale è una sorta di braccio operativo della politica sociale.

Il piano di zona è la novità più rilevante della legge 328/00 che coinvolge diversi livelli di governo, pubbliche amministrazioni e soggetti della società civile. È un'esperienza di forte cambiamento per i servizi e per le politiche sociali proprio perché attribuisce rilevanza alla pianificazione zonale. La pianificazione è costituita dall'insieme delle attività che consentono di conoscere la realtà e di individuare soluzioni per risolvere problemi. Il piano di zona si inserisce nel governo della rete dei servizi in ambito territoriale che individua: gli obiettivi strategici, le priorità di intervento, i mezzi e gli strumenti; le modalità organizzative dei servizi, le risorse finanziarie, strutturali e professionali; modalità per garantire l'integrazione tra servizi e prestazioni; modalità per garantire la collaborazione dei servizi territoriali con soggetti operanti nell'ambito della solidarietà sociale a livello locale e con altre risorse della comunità; le forme di rilevazione dei dati nell'ambito del sistema informativo; forme di concertazione con le ASP, le ONLUS, le cooperative e associazioni. Il sistema integrato dei servizi viene programmato a livello territoriale, il Direttore del Distretto partecipa alla conferenza dei Sindaci, i comuni associati programmano in modo congiunto l'integrazione operativa a livello territoriale. Gli Assistenti Sociali come professionisti, con mandato istituzionale sono impegnati alla definizione e costruzione dei piani zona definiti " sistemi locali di intervento fondati su servizi e prestazioni complementari e flessibili". Partecipano a tavoli di concertazione per interventi mirati su minori, famiglie, disabilità e anziani apportando informazioni quantitative e qualificative specifiche sui bisogni rilevati nel territorio proponendo soluzioni. Il piano di zona è lo strumento privilegiato per consentire l'integrazione istituzionale e operativa tra attività sociali e socio sanitarie, ha un ruolo fondamentale per dare risposte ai problemi delle persone e delle comunità locali, in quanto strumento condiviso per individuare i bisogni prioritari, le strategie di prevenzione, le risorse disponibili, i soggetti istituzionali e comunitari interessati, i risultati attesi, gli standard di funzionamento e di efficacia, la responsabilità gestionale , le forme di controllo. Negli ultimi anni sia per i problemi finanziari degli enti locali, sia per la crescita di domande di cura della popolazione, sia la globalizzazione ha portato molti cambiamenti che hanno interessato le forme di convivenza della società con un indebolimento delle famiglie nella sua funzione di tutela dei soggetti più deboli con nuove funzioni sociali nel mondo del servizio sociale. I cambiamenti sociali sono sempre più veloci e la realtà muta senza che le istituzioni riescono a tenerne il passo. (Ferrari F. 2002).

Servizio socio-sanitario Con il termine di servizio sociosanitario si designa una area nella quale coesistono servizi medico-sanitari e problematiche sociali. Questi servizi sono erogati da strutture pubbliche o private. -ASP (Azienda Sanitaria Provinciale) – Aziende Ospedaliere – Case di Cura – Strutture Sanitarie non Ospedaliere (strutture residenziali e non residenziali, ambulatori, laboratori, consultori, centri di igiene mentale medicina legale). Il mandato del Servizio Sociale Professionale in sanità è di attivare e prendersi cura delle reti di sostegno per favorire sia i processi di integrazione interna all'Azienda (ospedale-territorio) che esterna (EELL, privato convenzionato/accreditato III e IV settore). La presa in carico della persona/famiglia deve essere effettuate nel suo territorio (Distretto Sociosanitario), per evitare che i problemi sociali, culturali ed economici esistenti ostacolino il raggiungimento dell'obiettivo salute-benessere.

-L' ASP (Aziende Sanitarie Locali) hanno un ruolo primario nel fornire servizi ai cittadini, hanno il compito di programmare, finanziare, controllare la qualità delle prestazioni fornite. Le ASP sono organizzate in Distretti Sanitari Territoriali che a sua volta sono divisi in servizi socio sanitari territoriali che sono:

- i consultori familiari,

- le unità territoriali di riabilitazione,

-i centri di igiene mentale,

-servizio per tossico-dipendenze,

-Unità multidisciplinare per l'età evolutiva.

(Piano Regionale degli interventi e dei servizi sociali 2007-2009).

- I Consultori Familiari hanno il compito di supporto psicologico e sociale per quanto riguarda la maternità, la paternità, i problemi di coppia o genitoriali, i minori compreso affido e adozione, tutela e salute della mamma e del bambino fin dal suo concepimento, interruzione volontaria di gravidanza (legge 194/78), servizio ai cittadini stranieri che soggiornano in Italia.

- Le Unità Territoriali di Riabilitazione sono i centri che si occupano dei problemi delle persone portatrici di handicap il superamento delle barriere architettoniche e l'inserimento sociale . Hanno la funzione di prevenire, fare diagnosi precoce, attività clinico-diagnostica assistenza ambulatoriale. (*Piano Regionale degli interventi e dei servizi sociali 2007-2009)*

- **I Centri di Salute Mentale** nati dopo la chiusura dei manicomi (legge 180/78 Basaglia) sono centri atti ad assistere malati di mente. Si avvalgono di servizi di psichiatria dei centri residenziali e semi residenziali di ricoveri ospedalieri o in case di cura, sostegno alle famiglie dei malati. (*Piano Regionale degli interventi e dei servizi sociale 2007-2009)*

- **I Servizi per le Tossico Dipendenze** attuano interventi di assistenza medica, psicologica e sociale ai tossicodipendenti e alle loro famiglie.

I Comuni Il lavoro svolto dagli Assistenti Sociali nei Comuni merita una trattazione particolareggiata in quanto sono proprio essi a svolgere le molteplici tipologie di assistenza e di interventi e sono coloro che operano direttamente con il contesto sociale locale, vivono cioè dentro il problema. Ai Comuni compete la costruzione del sistema integrato di interventi, attraverso forme di coinvolgimento e partecipazione di tutti gli attori sociali, ad essi spetta, inoltre, l'accreditamento delle strutture di terzo settore e vigilanza sui soggetti che costituiscono il sistema dei servizi sociali. Nel terzo millennio abbiamo assistito ad un cambiamento socio assistenziale epocale nel nostro paese. Ai comuni veniva affidata la gestione socio-sanitaria e socio -assistenziale. Con il D.P.R. 24 luglio 1977 n° 616, vennero sciolti oltre quarantamila enti assistenziali presenti sul territorio italiano e le loro funzioni furono inglobate dai comuni. (*Piano Regionale degli interventi e dei servizi sociale 2007-2009*). Con la legge quadro per la realizzazione del sistema integrato di interventi e servizi 328/2000 il ruolo dei Comuni nell'ambito degli interventi socio assistenziali viene ulteriormente rafforzato, vengono affermati i diritti del cittadino e creati i mezzi per rendere esigibili tali diritti. Usufruire degli aiuti necessari per veder diminuita la disuguaglianza e il crescere del benessere complessivo. Inoltre la suddetta legge ridefinisce le funzioni attribuite agli attori del servizio sociale. Nasce la strategia per responsabilizzare le istituzioni con il rapporto integrato tra stato, regioni, enti locali e comuni, per il rapporto diretto con il territorio riconoscendogli compiti di erogazione di servizi e di prestazioni sociali, proclamando il diritto a tutti i cittadini, privilegiando quelli che versano in condizioni di maggiore difficoltà. Distribuzione di prestazioni, programmazione degli interventi, definizione dei LEA (livelli essenziali di assistenza) per garantire equità e uniformità di diritti su tutto il territorio nazionale. Prestazioni erogabili sotto forma di beni e servizi secondo le caratteristiche e le pianificazioni delle risorse del fondo nazionale per le politiche sociali. Fissa le prestazioni minime obbligatorie in ogni ambito, rivolta specialmente alle persone anziane non autosufficienti con sostegno domiciliare, livelli di assistenza per garantire alle persone e alle famiglie qualità di vita e di cittadinanza, pari opportunità, e tutela ai soggetti più deboli. riducendo o eliminando le condizioni di disabilità, abbattere il disagio individuale e familiare derivante da inadeguatezza di reddito. I servizi socio assistenziali sono di competenza dei Comuni che devono provvedere alla programmazione dei servizi di base, alla organizzazione e gestione degli interventi e delle prestazioni, alla ricognizione dei bisogni del territorio. I Comuni sono titolari delle funzioni amministrative concernenti gli interventi sociali svolti a livello locale e concorrono alla programmazione regionale. Spetta loro la programmazione, progettazione, realizzazione del sistema locale dei servizi sociali a rete, indicazione delle priorità e dei settori di innovazione attraverso la concentrazione delle risorse umane e finanziarie locali. Spetta l'erogazione dei servizi, delle prestazioni economiche e assistenziali. Spetta l'autorizzazione, l'accreditamento e la vigilanza dei servizi sociali e delle strutture a ciclo residenziale e semiresidenziale. I Comuni provvedono a promuovere, nell'ambito del sistema locale dei servizi sociali a rete, risorse della collettività locale tramite forme innovative di collaborazione dello sviluppo di interventi di auto-aiuto e per favorire la reciprocità tra cittadini nell'ambito della vita comunitaria, coordinano programmi di attività degli enti che operano nell'ambito di competenza tramite collegamenti operativi tra i servizi che realizzano attività volte all'integrazione sociale e intese con le ASP per le attività socio sanitarie e per i piani zona. I Comuni adottano strumenti per la semplificazione amministrativa e per il controllo di gestione atti a valutare l'efficienza, l'efficacia delle prestazioni, garantiscono ai cittadini i diritti di partecipazione al controllo di qualità dei servizi, secondo le modalità dello statuto comunale. Per i soggetti per i quali si rende necessario il ricovero stabile presso strutture residenziali, il comune nel quale essi hanno la residenza prima del ricovero, assume gli obblighi connessi all'eventuale integrazione economica. Le Unità multidisciplinare per l'età evolutiva, si occupano di tutte le problematiche riguardanti i minori. I compiti, le funzioni e le prestazioni messe in atto dagli assistenti sociali nei Comuni sono:

- segreterie sociali

- accoglienza utenti e presa in carico

- assistenza economica ai singoli e ai nuclei familiari

- assistenza domiciliare e sostegno alle famiglie per anziani, minori e portatori di handicap

- punto di ascolto per la popolazione di ogni fascia di età

- visite domiciliari

- aiuto nel formulare domande per i bandi di concorsi per case popolari, modulistica per inserimento anziani in RSA, richieste di sussidio

- attuazione di lavoro di rete, con altri enti e servizi

- valutazione idoneità genitoriale per i casi di adozione o affidamento

- assistenza a favore di minori in ottemperanza ai provvedimenti disposti dall'Autorità Giudiziaria

- indagini sociali su richiesta dell'Autorità Giudiziaria.

(Piano Regionale degli interventi e dei servizi sociale 2007-2009)

Capitolo V

IL CODICE DEONTOLOGICO, L'ETICA, PRINCIPI, VALORI

Che cosa è l'etica e la deontologia? Nella maggior parte dei paesi occidentali il lavoro di assistente sociale può contare su un codice deontologico. Mary Richmond USA nel 1915 definì il servizio sociale " *arte di svolgere servizi diversi per e con persone diverse, cooperando con loro a raggiungere il miglioramento loro e della società. Insieme a procedimenti che sviluppano la personalità attraverso un adattamento realizzato coscientemente, individuo per individuo, tra gli uomini e il loro ambiente".* A quasi un secolo da questa definizione troviamo analoghi concetti nel testo di Elisabetta Neve " *il Servizio Sociale, fondamenti e cultura di una professione"* edizione Carrocci Roma 2000. " Tanto più è necessario dotarsi di una razionalità forte che sappia analizzare, riconoscere e discernere , tanto più si aprono spazi in cui occorre sviluppare anche intuito, sensibilità, capacità di giocare tra una partecipazione calda, viva ai problemi sociali e una distanza ragionata tale da poter leggere al di là di ciò che appare e tale da controllare i nostri desideri e i nostri abituali schemi di riferimento.   Occorre   un   modo   di "comprendere" composito, che è prioritario rispetto al nostro bisogno di fare e di dare risposte esso si traduce essenzialmente in un atteggiamento critico e di ricerca, che trova radici in convinzioni e in motivazioni che hanno sempre una grossa portata anche di natura etica (Neve E. 2002). **Etica** è un termine che deriva dal greco **ethos** e significa usanza, consuetudine, modo di comportarsi.Nel nostro caso è la dimensione pubblica del vivere, ove si tiene presente la posizione propria e quella dell'altro. L'etica è una branca della filosofia che nasce con Aristotele. Per Aristotele non esistono azioni neutre, l'uomo avverte e sperimenta che ogni azione possiede una valenza etica e può essere valutata in relazione ai valori di bene e male, vagliabile sul piano umano o in senso positivo o in senso negativo. Sempre secondo Aristotele il bene è quello a cui si tende e non il cosa si vuole fare, il bene è la felicità. Se si compiono azioni buone è virtù, e "virtù" è uguale a divenire "buoni", perciò non si può divenire professionisti esperti e capaci, se non si ha pienezza della propria umanità. Da questa affermazione si comprende l'importanza del codice deontologico nel voler promuovere e ottenere condizioni operative adeguate per lavorare al meglio. (Tamburini A. 2009).

Per Aristotele il coraggio, l'altruismo sono virtù e si coltivano nel tempo, sono potenzialità che un professionista deve sviluppare attraverso l'educazione, l'esercizio e la formazione fino a farla diventare parte integrante del proprio Sé, come una seconda natura, che insieme a tutte le altre capacità pratiche e teoriche fanno del professionista un buon professionista. Aristotele la chiama "saggezza "e la collega alla dottrina del "giusto mezzo" oltre che alla dottrina della virtù. Lo spirito del servizio sociale comprende la dinamica fra bisogno e desiderio, la meta è la felicità." se la felicità non esiste cosa è dunque la vita?" (Leopardi G.). L'etica pubblica contiene molti dei valori del servizio sociale, universalmente condivisi da altre professioni, come il rispetto della libertà della persona, il principio di responsabilità e quello di autodeterminazione. Oggi, però, c'è una nuova tendenza nell'uso del termine "etica" è indispensabile chiarire la differenza tra etica e deontologia. " *C'è un abisso fra la deontologia è l'etica, la distanza che separa un certo numero di regole e doveri empirici da una meta morale coerente e unificata che si fonda su determinati principi*".*(* Russ J .1997) l'etica comporta una visione dell'uomo e della società di un'ampiezza tale che risulta difficile da calcolare nei limiti di un codice deontologico, il codice si prefigge di mettere in pratica i principi indicando quali atteggiamenti e quali comportamenti deve mantenere l'operatore. L'etica riguarda i principi e i valori sui quali si fonda la nostra condotta, tutto quello che è positivo per l'uomo, che lo aiuta nella sua crescita e nel suo sviluppo verso il raggiungimento della piena umanità (Samory E. 1991). Di deontologia è facile parlare perché fa riferimento al piano della condotta osservabile   e spesso ad un codice scritto, l'etica riguarda i valori e i principi che non possono essere oggetto di una normativa ma solo il suo presupposto, per questo si può sostenere che non può esserci deontologia senza etica, ma non il contrario, non si può ridurre l'etica in deontologia, l'etica riguarda la teoria, i fondamenti, le basi dei giudizi morali, la valutazione di quello che è giusto e quello che è sbagliato, quello che è buono e quello che è cattivo. La deontologia è un insieme di regole morali tali regole si avvalgono dell'etica. **Deontologia** termine che deriva dal greco **deontos – dovere.** La deontologia è un insieme di regole che disciplinano i rapporti e le attività di un gruppo professionale è costituita da quell'insieme di regole codificate che traducono contenuti etici generali e condivisi (Pietrolata L. 1998). Queste regole sono storicamente determinate da principi universali e pertanto non possono considerarsi definite una volta per tutte ma variano in relazione alle diverse categorie professionali delle quali sono espressione e diverse da paese a paese. Il codice deontologico rende pubbliche e manifeste le norme interne della professione. Deontologia, quindi formazione di un codice di norme. Il codice deontologico degli assistenti sociali è stato approvato nel giugno 1998 dal consiglio nazionale dell'ordine degli assistenti sociali. Nel 2002 lo stesso consiglio ha ritenuto necessario apportare delle modifiche per adeguamenti alle nuove riforme e ai cambiamenti del sistema sociale. Un nuovo aggiornamento è stato compiuto nel 2009 senza apportare sostanziali modifiche ma per chiarire affermazioni contenute nel precedente testo. Il codice deontologico è uno strumento di tutela dei diritti dell'utenza e della professione stessa. (Villa F. 1989).

Valori e Principi È vero che la filosofia, più di quello che il pensare comune le attribuisce, sa entrare in ogni campo delle professioni umane, come linfa imprescindibile dell'essere umano in quanto tale. E proprio perché il Servizio Sociale e gli operatori si identificano, sono, nella loro ragione di esistere assai coinvolti nelle mutevolezze dell'umanità utente con la quale si vanno a confrontare e a interagire, è proprio l'Assistente Sociale ad essere un filosofo viandante attraverso il romanzo molteplice delle vite. È il fatto che l'uomo sia un valore, con la sua dignità che gli deriva dal fatto stesso di essere un uomo, persona, soggetto con diritti che il sovrapporsi delle culture non fanno che avvalorarne il ruolo di centro dell'umanità, rende l'Assistente Sociale quello specchio con conoscenze multifattoriali che funge da interfaccia e da interprete a chi gli si rivolge. Il Servizio Sociale trae, come più volte è stato fatto rilevare, motivo di esistere dal suo tendere a minimizzare i pregiudizi che sono diffusissimi nelle diverse tipologie umane e avvalorati da culture oscurantistiche di tutti i tempi. Oggi più che mai questa nostra terra globalizzata, come ormai si trova, deve, sempre di più, essere il giardino di tutti senza che siano più rilevanti il colore, gli usi particolari, la provenienza da ceti preminenti o da condizioni di ataviche schiavitù. Sanciti, via via, i diritti dell'uomo fin dai tempi della "Magna Charta Libertatum" dell'Inghilterra del 1215, ritrattati nella " Dichiarazione di Indipendenza" degli Stati Uniti del 1776 e confermati nella "dichiarazione dei diritti dell'uomo e del cittadino" del 1789, il documento più vicino al nostro mondo contemporaneo è stata la "Dichiarazione

Universale dei diritti dell'uomo" promulgata dall'ONU nel 1948, una pietra miliare posta a sancire il nuovo dopo gli orrori dell'ultima guerra mondiale. Proprio perché universale la dichiarazione, universali sono e siano i diritti dell'uomo, il diritto alla libertà, i diritti economici, sociali e culturali, i diritti ambientali e di sviluppo. Da queste priorità imprescindibili per l'uomo discende che l'Assistente Sociale è anello di congiunzione dell'utenza bisognosa per il conseguimento di alcuni di codesti parametri. E l'Assistente Sociale deve avere ben presente che l'uomo in sé è un valore e che la solidarietà, la partecipazione empatica, l'unicità della persona come pure la sua contestualizzazione nella propria organizzazione sociale, sono cose perseguibili al fine del bene dell'altro senza prevaricarne le convinzioni che possono derivare da forme di religione, superstizioni, credenze e quanti altri limiti abbia. È l'utente che, da ultimo decide su ciò che lo riguarda, l'Assistente Sociale una possibile guida, intelligente, semmai compassionevole, sempre con l'occhio al proprio giuramento-credo che nessuno può plagiare l'altro al fine di fargli conseguire un bene che pure appare a portata di mano. Solidarietà si, proporgli l'uso di "gambe" concrete per camminare, per sviluppare una capacità di auto realizzazione in relazione agli altri, riconoscere le strade percorribili con i mezzi a disposizione che non sono uguali per ciascuna situazione. E l'Assistente Sociale, col proprio bagaglio di umanità e scienza, con la propria esperienza, estrinseca il proprio atteggiamento professionale calzandolo sul soggetto e sulla situazione. Riservatezza, atteggiamento non giudicante, personalizzazione dell'intervento, accettazione e comprensione dell'insieme di problemi che ciascuno ha in relazione alla propria situazione e al proprio ambiente. Flessibilità e tolleranza, collaborazione con altre figure professionali senza lasciarsi andare ad atteggiamenti o a lusinghe protagonistiche, fanno dell'intervento dell'assistente sociale un qualcosa cui l'umanità dovrebbe essere grata e cui dovrebbe la riconoscenza che è dovuta a termini immortali: "la morale", "l'etica", "la conoscenza" *(Pieroni G. 2010)*.

Articolazione del codice *"Il codice deontologico dell'Assistente Sociale si pone al servizio del bene comune, collocando al centro dell'intervento la persona. Attribuisce, tuttavia una rilevanza particolare anche alla responsabilità dell'Assistente Sociale nei confronti della società e dell'organizzazione di lavoro di colleghi e di altri professionisti"* (Pieroni G. 2010). Il codice deontologico degli Assistenti Sociali è costituito dai principi e dalle regole che gli assistenti sociali devono osservare e far osservare nell'esercizio della professione e che orientano le scelte di comportamento nei diversi livelli di responsabilità in cui operano. Il codice si applica agli Assistenti Sociali e agli Assistenti Sociali specialisti. Il rispetto del codice è vincolante per l'esercizio della professione per l'obbligo deontologico. La non osservanza

comporta l'esercizio della potestà disciplinare.
Gli Assistenti Sociali sono tenuti alla
conoscenza, comprensione e diffusione del
codice e si impegnano per la sua applicazione
nelle diverse forme in cui la legge prevede
l'esercizio della professione. Il codice
deontologico è stato il primo atto ufficiale del
primo consiglio dell'ordine nazionale,
insediato nel 1996, con la quale tale ordine ha
voluto restituire e riaffidare alla professione i
contenuti etici che da sempre hanno
accompagnato nel nostro e negli altri paesi
l'evoluzione storica del servizio sociale e dei
suoi professionisti (Bartolomei A. e Passera
A.2005). Deve essere considerato non un atto
obbligatorio disposto dalla legge ma un atto
dovuto alla professione. Deve essere
interpretato come un dettato che definisce e al
contempo chiarisce i principi e i valori a cui la

professione medesima si ispira nella sua pratica. La professione di assistente sociale si fonda sul valore, dignità, unicità di tutte le persone, sul rispetto dei loro diritti universalmente riconosciuti e sull'affermazione delle loro qualità originarie, quali, libertà, uguaglianza, socialità, solidarietà e partecipazione. (art. 5). L' Assistente Sociale pone la persona al centro di ogni intervento (art. 7). L' Assistente Sociale ha il dovere di difendere la propria autonomia da pressioni e condizionamenti (art. 10).

Il codice deontologico dell'Assistente Sociale è strutturato in sette titoli:

Titolo I - Definizione e potestà disciplinare; (art. 1 e 4)

Titolo II - Principi; (art. 5-10)

Titolo III - Responsabilità dell'Assistente Sociale nei confronti dell'utente; (art. 11-32)

Titolo IV - Responsabilità dell'Assistente Sociale nei confronti della società; (art.33-40)

Titolo V – Responsabilità dell'Assistente Sociale nei confronti dei colleghi e altri professionisti; (art.41-43)

Titolo VI - Responsabilità dell'Assistente Sociale nei confronti della propria organizzazione di lavoro; (art. 44-51)

Titolo VII - Responsabilità dell'Assistente Sociale nei confronti della professione; (art. 52-68).

Riservatezza e segreto professionale *Gli assistenti sociali sono tenuti a mantenere riservate le informazioni sulle persone utenti dei servizi. Eccezioni a questa regola possono essere giustificate solo sulla base di motivazioni etiche più importanti, quali la conservazione della vita"(codice internazionale dell'IFSW, art. 5-7).*Gli Assistenti Sociali iscritti all'albo professionale hanno l'obbligo del segreto professionale su quanto hanno conosciuto per ragioni della loro professione esercitata sia in ambito pubblico che in ambito privato. La natura fiduciaria della relazione con utenti obbliga l'Assistente Sociale a trattare con riservatezza, in ogni atto professionale, le informazioni e i dati riguardanti gli utenti per cui la trasmissione di dati personali deve ricevere l'esplicito consenso degli interessati o dei loro legali rappresentanti, ad eccezione dei casi previsti per legge. L'Assistente Sociale ha la facoltà di astenersi dal rendere testimonianza al giudice e non può essere obbligato a deporre su quanto gli è stato confidato o ha conosciuto nell'esercizio della professione, salvo casi previsti dalla legge. L'Assistente Sociale deve curare la riservatezza della documentazione relativa agli utenti salvaguardandoli da ogni indiscrezione, anche se ex utenti o deceduti. L'Assistente Sociale che nell'esercizio della professione venga a conoscenza di fatti o cose aventi natura di segreto è obbligato a non rivelarli salvo che per gli obblighi di legge e nei seguenti casi: rischio di grave danno all'utente, in particolare minori, incapaci o impediti a causa di condizioni fisiche, psichiche e ambientali; richiesta scritta e motivata dai legali rappresentanti del minore o dell'incapace nell'esclusivo interesse degli stessi, autorizzazione dell'interessato, degli interessati o del loro rappresentante legale resi edotti delle conseguenze della rivelazione, rischio grave per l'incolumità dell'Assistente Sociale. L'inosservanza o la trasgressione di una norma deontologica comporta sanzioni disciplinari inflitte dal consiglio dell'ordine. La rassicurazione dell'utente sulla riservatezza che fonda il rapporto fiduciario tra professionista e utente è indispensabile per impostare un rapporto di fiducia basilare per l'avvio e lo sviluppo del processo di aiuto. La motivazione del segreto professionale è indispensabile per il rispetto della persona umana, della sua dignità ed è inoltre un suo diritto.. questo principio ha trovato una ulteriore conferma nella legge 675/96 chiamata "legge sulla privacy" che consente ai cittadini la possibilità di controllare l'utilizzo dei dati personali.

L'assistente sociale è tenuto altresì al segreto d'Ufficio disciplinato dall'articolo 326 del codice penale.

Conclusioni

Sin dall'antichità l'uomo ha lottato per una sana vita individuale e relazionale. Il ruolo difficile e fondamentale della figura, anche di quella moderna del servizio sociale è di promuovere la giustizia sociale valorizzando le risorse umane. La storia insegna che la strada è lunga e tortuosa ma la buona volontà e la professionalità vince spesso gli ostacoli. Bisogna guardare verso il traguardo con l'enfasi della positività e del buon senso, vigilare sulla professionalità degli operatori e sulla meticolosità del loro operato. Da non far venir mai meno nella professione di assistente sociale è il senso di responsabilità, la lotta al pregiudizio, un buon quoziente di giustizia sociale e la capacità di saper ascoltare. Quando ho iniziato il corso universitario di assistente sociale ero perplesso sul futuro di questa professione, entrando nella dinamica dell'esercizio mi sono sentito sempre più attratto e sempre più attore. Oggi sento profondamente di poter appartenere alla categoria e sono consapevole del ruolo che mi accingo a rappresentare.

Bibliografia

Allegri E. (2006) *Le rappresentazioni dell'assistente sociale,* Carocci Faber, Roma.

Allegri E. (2000) *Supervisione e servizio sociale,* Carocci Faber, Roma.

Allegri E., Palmieri P. e Zucca F. (2006), *Il colloquio nel servizio sociale*, Carocci Faber, Roma.

Albert J. (1986), *Dalla carità allo stato sociale,* il Mulino Bologna.

Amadei T. e Tamburini A. (2002), *La leva di Archimede. Il codice deontologico dell' Assistente sociale tra responsabilità e appartenenza sociale,* FrancoAngeli, Milano.

Andrenacci R. (2009), *La visita domiciliare di servizio sociale*, Carocci Faber, Roma.

Bagnasco A. (1999), *Tracce di comunità*, Il Mulino, Bologna.

Balduzzi R. e Di Gaspare G. (a cura di) (2002), *Sanità e assistenza dopo la riforma del Titolo V,* Giuffrè, Milano.

Balduzzi R., Ferrari G. e Parodi G. (2003), *La revisione costituzionale del titolo V. Tra nuovo regionalismo e federalismo: problemi applicativi e linee evolutive*, Cedam, Padova.

Banks S. (1999), *Etica e valori del servizio sociale*, Erickson, Trento.

Bartolomei A. e Passera A. (2005), *L'assistente sociale. Manuale di Servizio Sociale professionale*, Ed. CieRre, Roma.

Bernaldi L., De Sandre I. (1985), *Professionalità sociali e innovazioni*, Cappelli, Bologna.

Bertelli B. (a cura di) (2006), *Servizio Sociale e prevenzione*, FrancoAngeli, Milano.

Bianchi E. (1988), *Il lavoro sociale professionale tra soggetti e istituzioni. Dialogo tra servizio sociale, psicologia, sociologia*, FrancoAngeli, Milano.

Bortolo B. (1997), *Teoria e storia del servizio sociale*, NIS, Roma.

Brizzi L. e Cava F. (2003), *L'integrazione socio-sanitaria. Il ruolo dell'assistente sociale*, Carocci Faber, Roma.

Burgalassi M. (2007), *Il welfare dei servizi alla persona in Italia*, FrancoAngeli, Milano.

Campanini A. (1999), Servizio sociale e sociologia: storia di un dialogo, Lint, Trieste.

Cersaroni M. Lussu R. e Rovai B. (2000), *Professione assistente sociale. Metodologie e tecniche dell'intervento sociale,* Edizioni Del Cerro, Tirrenia (PI).

Cipolla C. (2000), *Il co-settore in Italia. L'associazionismo pro-sociale tra logica di confine e logica co-relazionale,* FrancoAngeli, Milano.

Corposanto C. (2005), *Il servizio sociale in un'epoca di cambiamento: scenari, problemi e nodi critici,* EISS, Roma.

Codice Deontologico dell' Assistente sociale (2009), Cnoas.

Dal Pra Pronticelli M. (1987), *Lineamenti di servizio sociale*, Astrolabio, Roma.

Dal Pra Pronticelli M. (2005), *Dizionario di servizio sociale*, Carocci Faber, Roma.

Decreto Ministeriale 23 luglio 1993, Modificazioni all'Ordinamento didattico universitario relativamente al Corso di Diploma Universitario in Servizio Sociale.

De Sandre I. (1993), *Azione sociale, solidarietà e lavoro sociale professionale*, FrancoAngeli, Milano.

Diomene Canevini M. (2005), *Storia del servizio sociale*, Carocci Faber, Roma.

EISS (a cura di) (2003), *Secondo rapporto sulla situazione del servizio sociale in Italia*, FrancoAngeli, Milano.

Fargion S. (2002), *I linguaggi del servizio sociale. Il rapporto teoria-pratica nelle rappresentazioni del processo di lavoro degli assistenti sociali*, Carocci Faber, Roma.

Fazzi L. (1998), *Il welfare mix in Italia. Primi passi*, FrancoAngeli. Milano.

Ferrario P.(2001), *Politica dei servizi sociali. Strutture, trasformazioni, legislazioni,* Carocci, Roma.

Gui L. (2004), *Le sfide teoriche del servizio sociale. I fondamenti scientifici di una disciplina*, Carocci Faber, Roma.

Legge n. 180 del 13 Maggio 1078, Accertamenti e trattamenti sanitari volontari e obbligatori.

Legge n.184 del 4 Maggio 1983, Disciplina dell'adozione e dell'affidamento dei miniori.

Legge n.405 del 19 Luglio 1975, Istituzione dei consultori familiari.

Legge n.328 del 8 Novembre 2000, Legge quadro per la realizzazione del sistema integrato di interventi e servizi sociali.

Longo F. (2000), *Servizi sociali: assetti istituzionali e forme di gestione*, EGEA e Giuffrè, Milano.

Maguire L. (1989), *Il lavoro sociale di rete,* Erickson, Trento.

Neve E. (2002), *Il servizio sociale, fondamenti e cultura di una professione*, Carrocci Faber, Roma.

Niero M. (2002), *Metodi e tecniche di ricerca per il servizio sociale*, Carocci, Roma.

Payne M. (1998), *Case management e servizio sociale*, Erickson, Trento.

Piano regionale degli interventi e dei servizi sociali (2007, 2009).

Perino A.(2008), *Il servizio sociale. Strumenti attori e metodi*, FrancoAngeli. Milano.

Perino A. (2004), *Servizio sociale e servizi sociali: normativa e assetto organizzativo-gestionale,* in Cipolla C. (a cura di), FrancoAngeli, Milano.

Pieroni G. (2005), *Introduzione al servizio sociale – storia, principi e deontologia,* Carocci Faber, Roma

Pietrolata L. (1998), *Il codice deontologico nell'aspetto delle fonti e della disciplina,* del corso di etica e servizio sociale. (promosso dall'ordine regionale dell'Umbria)

Ranci C. (2001), *Il mercato sociale dei servizi alla persona,* Carocci, Roma.

Scaglia A. (a cura di) (1999), *Regole e libertà. Pianificazione sociale, teoria sociologica, ambiti e tecniche di intervento,* FrancoAngeli. Milano.

Tiberio A. e Fortuna F. (2005), *Servizi Sociali. Una guida per parole chiave,* FrancoAngeli. Milano.

Villa F. (1992), *Dimensioni del servizio sociale. Principi teorici generali e fondamenti storico-sociologici,* Vita e Pensiero, Milano.

Sitografia

Associazione Europea delle Scuole di Servizio Sociale (EASSW)

www.eassw.org

Associazione Italiana Docenti di Servizio Sociale (AIDOSS)

www.aidoss.org

Centro Studi di Servizio Sociale (Ce. S. di S.S.)

www.cesdiss.org

Consiglio Nazionale Ordine Assistenti Sociali

www.cnoas.it

Dipartimento politiche per la famiglia

www.politichefamiglia.it

Ente Italiano di Servizio Sociale (EISS)

www.eiss.it

Istituto per lo sviluppo della formazione professionale dei lavoratori (ISFOL)

www.isfol.it

Istituto Nazionale di Statistica

www.istat.it

Istituto Superiore di Sanità (ISS)

www.iss.it

Leggi

www.parlamento.it

Ministero del lavoro, della salute e delle politiche sociali - Settore lavoro

www.lavoro.gov.it

Ministero del lavoro, della salute e delle politiche sociali – Settore politiche sociali

www.solidarietasociale.gov.it

Ministero delle riforme per il federalismo

www.riformeistituzionali.it

Servizio sociale

www.serviziosociale.it

www.socialinfo.it

Terzo settore

www.forumterzosettore.it

www.nonprofit.it

www.mappaterzosettore.it

www.impresasociale.it